아이의
영어두뇌

# 아이의
# 영어두뇌

박순지음

뉴로사이언스러닝

## 저자의 말

대한민국은 영어교육 관련 사교육비로 매년 약 20조 원을 넘게 지출하고 있다. 이미 2만 개에 달하는 영어학원 수는 해마다 증가하고 있고, 여전히 수많은 부모들과 아이들이 영어를 위해 열정과 정성으로 시간과 돈을 쏟아붓고 있다. 그런데도 전 세계에서 우리나라 영어 실력은 그저 보통 수준에 머물러 있을 뿐이다. 113개 국가 및 지역에서 220만 명을 대상으로 실시한 영어능력지수 통계(EF EPI 보고서, 2023년 기준)에 따르면 한국은 49위로 '보통' 등급에 계속 머물러 있다.

도대체 무엇이 문제일까? 부모가 직접 나서서 영어를 가르쳐야 하나? 언제부터 가르치기 시작해야 할까? 태어나자마자 가르쳐야 하나? 유치원이나 초등학교부터 가르쳐야 하나? 엄마나 아빠가 영어 실력이 없으면 어떻게 가르쳐야 할까? 그냥 좋은 학원에 보내면 되나? 가장 좋은 영어교육 방법은 무엇일까? 어릴 때부터 국어보다 영어에 집중하는 것이 옳을까? 아이의 영어교육에 대한 부모의 걱정과 의문은 꼬리에 꼬리를 물고 맴돌지만 딱히 분명한 답을 찾기가 쉽지 않다.

《아이의 영어두뇌》는 지금까지 두뇌과학에서 밝혀낸 근거들을 기반으로 해서 "내 아이에게 왜, 언제, 어떻게 영어를 가르칠 것인가"라는 절박한 질문에 명쾌한 답변을 내놓기 위해 기획한 책이다. 영어 공교육계에 25년 이상 몸담고 있으면서 영어교육, 신경과학, 음향음성학, 청각학 등의 분야를 폭넓게 연구하고 자료를 수집했으며, 자녀의 영어교육에 성공한 부모들을 심층 인터뷰해서 책을 집필했다. 2014년 당시 인터뷰에 참여한 부모로부터 아이들이 10년 동안 어떻게 성장했는지를 다시 듣고, 부록으로 추가했다.

한창 모국어와 영어를 배워가고 있는 어린 두 아이의 아빠였던 덕분에 나는 신경과학적 지식과 영어교육 이론을 직접 일상 속에서 체험하고 검증할 수 있었다. 첫째 아이는 어릴 적부터 무릎에 앉혀놓고 동화든 논문이든 하루도 거르지 않고 책을 읽어주면서 의도적으로 한글을 가르쳤다. 그 결과 열렬한 한글 독서가로 자라나 마을문고와 도서관을 가장 행복한 공간으로 여긴다. 우리말과 글이 어느 정도 완성된 모양을 갖추고 난 뒤 영어를 본격적으로 가르쳤다. 때로는 깔깔거리고 때로는 눈물을 찔끔거리며 아빠와 함께 매일 영어 말과 글을 배우고 익히게 했다.

한편 네 살 터울인 둘째 아이는 마침 한창 영어를 익히기 시작한

형 덕분에 우리말과 영어를 동시에 접하면서 둘 다 자연스럽게 받아들이고 있다. 둘째 녀석에게는 '공'이 'ball'이기도 하고 'ball'이 '공'이기도 하다. 의도적으로 문자를 가르치지 않았는데도 세 살 때 스스로 영어 알파벳을 터득했다. 이 두 아이에게 우리말과 글 그리고 영어를 가르치면서 얻게 된 경험을 많은 부모들과 나누고 싶은 욕구가 이 책을 쓰게 된 강력한 동기가 됐다.

부모들에게 '영어두뇌'를 설명하기 위해 고민하다가 정공법(正攻法)을 택하기로 결심했다. 그저 경험이나 이론적 연구에 의존해서 막연하게 '~일 듯하다'는 수준 정도에 그치지 않고 우리 아이의 두뇌 속으로 직접 파고 들어가 영어에 대한 아이의 변화가 어떤 원리로 머릿속에서 돌아가고 있는지 분석했다. 아이가 영어를 비롯한 외국어를 유창하게 구사할 수 있게 되면 사고력이 유연해지고 지적인 능력이 전반적으로 가파르게 수직 상승하는 등 두뇌가 실제로 변화한다는 연구 결과가 많다. 이 책을 읽은 부모라면 아이에게 영어를 가르치는 원리와 방법을 확실히 알게 될 것이다.

아이의 영어두뇌는 부모의 노력 여하에 따라 얼마든지 개발할 수 있다. 영어두뇌는 보통의 두뇌와 확연히 다르다. 영어 잘하는 아이의 뇌는 그렇지 않은 아이의 뇌와 물리적으로도 큰 차이를 보인다. 없던 길을 내기는 어렵지만 일단 낸 길을 확장시키는 것은 그리 어려운 일이 아니듯이, 우선 아이의 두뇌 속에 영어라는 길을 트는 것이 먼저다. 꽤 시간이 걸리는 일이지만 일단 길이 트이면 이후에는 오히려 편해진다. 게다가 이렇게 자리잡은 영어두뇌는 평생 지속된다.

교육의 큰 틀은 나라에서 짠다. 영어교육으로 고민하는 많은 부모들과 그 아이들을 위해서 공교육이 그 역할을 제대로 수행하는 것이 중요하다는 것을 누구도 부정할 수 없다. 그러나 국가적으로 영어 공교육 시스템을 개선하기 위해서는 수십 년이 걸릴 수도 있다. 영어는 어찌 보면 시간과의 전쟁이므로 당장 부모가 바뀌는 게 더 현명하다. 엄마 아빠가 아이를 품고 직접 읽어주고 가르치는 '무릎 공부'야 말로 당장 실천할 수 있는 최고의 영어교육법이다.

이 책에서 설명하는 영어교육법을 이해한 부모와 그렇지 않은 부모 사이에는 메우기 어려운 간극이 생길 것이다. 새로운 것을 배우고 있는 두뇌 부위는 평균 15분마다 물리적으로 모양과 효율을 바꾸며 변화한다. 이 책을 읽기 전의 여러분과 읽고 난 뒤의 여러분은 뇌 과학적으로 다른 사람이 될 것이다. 설치미술가 강익중의 작품 〈내가 아는 것〉 중 한 문장을 인용하면서 지은이의 말을 맺는다.

"강아지와 아이들은 자고 나면 커 있다."

차례

저자의 말 | 아이가 영어를 잘하기 원한다면 · 4

## WHY? 왜 영어두뇌인가?

### 두뇌를 알면 영어의 해법이 보인다 · 16
내 아이만 뒤처진다고? · 17 | 두뇌에 대한 2가지 오해 · 19 | 영어두뇌를 만드는 무릎 영어 · 21

English Brain 아이의 발달 지표 · 22

## WHO? 영어 실력이 뛰어난 아이들

### 아이가 영어를 싫어한다면 · 44
아이의 놀라운 학습 능력 물질 · 35 | 영어 경계심 풀기 · 39 | 두뇌도 특기가 변한다 · 41

### 외국에 가지 않고 영어 익히기 · 32
자주 읽어주면 저절로 생기는 것 · 46 | 한눈에 영어 읽기 · 49 | 영어와 국어 둘 다 잘하는 비결 · 52

### 영어가 두려운 이유 · 55

누구나 모국어는 단 하나 · 56 | 언어의 주파수를 맞춰라 · 58 | 외국어는 불편해 · 61

### 영어를 뒤에서 잡아주기 · 64

영어 실력을 높이는 사회성 · 65 | 이유는 몰라도 답은 안다 · 66 | 영어 잘하는 아이의 5가지 특성 · 67

**English Brain**  나이대별 말하기 및 읽기 능력 발달표 · 73

## WHEN?
## 아이가 영어를 시작할 때

### 영어를 늦게 시작했다면 · 80

만 7세, 언어의 결정적 시기? · 82 | 영어에 민감한 시기 · 85

### 국어두뇌가 먼저다 · 87

소리 없는 언어 · 88 | 모국어가 외국어를 좌우한다 · 90

### 국어두뇌에서 영어두뇌로 · 93

국어두뇌 만들기 · 94 | 명작 동화의 기대 효과 · 96 | 국어에 대한 자동성 · 97 | 영어두뇌 만들기 · 100

### 늦었다고 영어두뇌를 포기할까? · 103

나이가 들어도 두뇌는 발전한다 · 105

**English Brain**  국어두뇌 vs. 영어두뇌, 나이에 맞게 키우는 법 · 110

## HOW?

### 영어두뇌를 만드는 확실한 방법

**영어두뇌 만들기 첫 번째 비밀 · 126**
들려야 말한다 · 127 | 언어는 특별한 음악 · 129 | 영어두뇌의 원리 · 132

**영어두뇌 만들기 두 번째 비밀 · 135**
소리 내 읽기가 중요한 이유 · 136 | 소리 내 읽어주는 10가지 방법 · 155

**영어두뇌 만들기 세 번째 비밀 · 164**
귀가 운동기관 · 165 | 운동으로 익히는 청각적 모방('듣따')과 소리 내 읽기 · 166 | '듣따' 훈련 방법 · 171

**영어두뇌 만들기 네 번째 비밀 · 174**
많이 듣고 많이 읽기 · 175 | 시간이 지나면 커지는 차이 · 178 | 많이 읽게 만드는 3가지 조건 · 180 | 두뇌에게 요구하기 · 184

**영어두뇌 만들기 주의사항 · 186**
영어는 해치울 숙제가 아니다 · 187 | 영어는 몸으로 배우는 운동 · 189 | 문법에 접근하는 법 · 193

English Brain  음소인식 능력과 영어 속의 음소 · 198

## WHAT?

### 영어 잘하는 아이는 두뇌가 다르다

**두뇌에 영어의 길을 뚫어라 · 206**
두뇌를 구성하는 신경세포 · 210 | 신경세포를 영어활성화세포로 · 213 | 두뇌 속의 영어 고속도로 · 221

### 영어두뇌가 만들어지는 과정 · 225

단어만 읽는 두뇌가 있다 · 226 | 두뇌가 언어를 처리하는 과정 · 230 | 읽기 능력 습득 3단계 · 233 | 영어두뇌의 뛰어난 학습 능력 · 235

### 영어는 어떻게 기억되는가? · 239

기억의 종류 · 239 | 감정을 처리하는 곳 · 244

English Brain 두뇌 속 언어를 처리하는 영역 · 246

## WHERE? 아이의 두뇌는 부모의 무릎에서 자란다

### 영어를 배우는 올바른 길 · 254

아빠와 함께 · 256 | 아이의 건강한 미래 · 257

English Brain 종이책과 전자책, 아이에게 뭐가 좋을까? · 259

참고문헌 · 269

찾아보기 · 275

부록 1 | 영어두뇌 개발 그 후 10년… · 282

부록 2 | 영어두뇌를 만드는 빠른 길 FAST MAPS · 297

# WHY?
## 왜 영어두뇌인가?

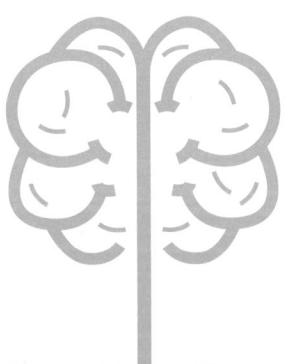

**It takes a village to raise a child.**
a proverb

첫째 아이가 태어난 지 5년 6개월이 지났다. 잘 때 "Good night, daddy"라며 눈을 감고, 눈을 뜨면 "Good morning. How do you feel?" 하면서 자연스럽게 인사한다. 웬만한 어른들도 어려워하는 영어 챕터북 CD를 들으면서 책 속의 행을 손가락으로 잘도 따라 달린다. 영어 DVD 프로그램 한글 자막을 스스로 끄고, 영어 자막 또는 자막 없이 감상하면서 뭐가 그리 좋은지 깔깔거리며 하루에 한 두 시간씩 매일 시청한다.

어려서는 극도로 영어에 거부감을 보이던 녀석이었다. 지금은 컴퓨터를 스스로 켜서 뇌과학 영어훈련 프로그램에 로그인한 뒤 매일 40분씩 게임하듯 영어를 공부한다. 잘 구별하기 어려운 'wake', 'rake', 'lake', 'ache' 발음을 정확히 가려내고는 "아빠는 잘 몰랐겠지?" 하며 함박웃음을 짓는다. 길을 가다가 "아빠, 정원이 영어로 뭐야?"라고 물어보기에 "garden"이라고 알려줬더니, "그럼 하늘정원은 'sky garden'이겠네?"라며 씩 웃는다. 효과적이고 과학적인 영어 문자습득법인 파닉스(phonics)를 가르치기 전인데도 아빠 셔츠에 있는 'best'를 읽어 보이면서 "—est는 '에스트'라고 읽는 거고 'b'는 'ㅂ' 소리니까

'베스트'겠지?'라며 제법 설명까지 덧붙인다. 본격적으로 영어를 가르치기 시작한 지 불과 2개월 만에 일어나고 있는 일이다. 물론 아이는 영어를 '공부'라고 느끼지 않고 즐거운 '게임'으로 여기고 있다.

'이 아이들의 조그만 머리에서 도대체 무슨 일이 벌어지고 있는 걸까?' 하는 의문을 부모라면 한 번쯤은 가져봤을 것이다.

# 두뇌를 알면 영어의 해법이 보인다

아이는 마치 기적처럼 말하기 시작하고 글을 읽기 시작한다. 아이의 곁에서 그 기적을 목격해본 부모는 알고 있다. 말로는 표현할 수조차 없을 놀라운 위업을 아이들은 무서운 속도로 이뤄나간다는 사실 말이다. 하지만 막상 내 아이가 영어를 잘 말하고 읽을 수 있도록 하려면 무엇을 어떻게 해야 할지 모르는 경우가 많다. 영어교육에 대해 자신 있다고 말하는 부모일지라도 결국 유행하는 학습법이나 인기 원어민 강사가 있는 학원 정도를 알면서 잘 안다고 생각하는 경우가 대부분이다.

영어를 가르치는 일만 해도 벅찬데 아이의 두뇌에 대해서까지도 이해하고 있어야 하는 이유는 무엇일까? 두뇌의 효율성을 확보하면 영어를 위해 투자되는 비용과 시간을 획기적으로 절약할 수 있기 때문이다. 두뇌를 알면 두뇌 속의 영어 처리 속도를 높일 방법을 찾을 수 있다. 두뇌를 영어에 최적화시킬 수 있다면 작은 동기부여나 자극만으로도 영어를 쉽게 익힐 수 있다. 두뇌를 구성하는 신경세포를 영어에 특화되게 바꾸거나 복잡한 두뇌 속 언어 회로에 영어 전용 도로를 만드는 것이 불가능한 일만은 아니다. 두뇌계발을 통해 영어 실력을 높이고 영어를 공부하면서 두뇌를 계발하는 이른바 '영어두뇌의 순환 고리'를 만들 수 있다. 또한 두뇌 속에서 일어나는 일을 이해하면 시중에 넘쳐나는 영어교육 방법론 중에서 무엇이 정말 과학적이고 체계적으로 아이의 영어 능력 향상에 도움이 되는지 알게 될 것이다.

## 내 아이만 뒤처진다고?

우리나라의 교육열은 세계적으로 유명하다. 그 중에서도 특히 영어교육에 대한 열정은 더욱 유별나다. 더욱이 대부분의 가정에서 아이가 아주 어릴 때부터 영어교육을 시작한다. 그렇다면 조기 영어교육에는 과학적 근거가 있을까? 반전을 주지 못해 아쉽지만 영어교육은 조기에 하는 것이 효과적이라는 연구 결과가 많이 나와 있다. 교육업체의 사례 연구뿐 아니라 뇌과학적 연구에서도 조기교육의 손을 들어주는 결과가 발표되고 있는 상황이다.

그런데 여기서 중요한 문제는 많은 부모들이 이 사실로부터 잘못된 함정에 빠지고 있다는 점이다. 결과를 해석하는 과정에서 오류가 발생하기 때문이다. 조기 영어교육을 하지 못하면 내 아이만 뒤처진다고 생각하면서 불안해한다. 그러나 조기교육이 효과적이라는 연구 결과가 조기교육을 못하면 뒤처진다는 결론으로 이어지는 것은 아니라는 사실을 명심해야 한다. 인간의 두뇌를 정확하게 정의할 수 있는 사람은 아무도 없다. 두뇌에 있어서는 절대적인 기준을 제시할 수 없으며 두뇌가 가진 가능성이 무한하다는 것을 누구도 부정하지 못한다.

아이들은 저마다 발달 속도가 다르다. 마찬가지로 부모마다 성향이 다르고 가정마다 환경이 다르다. 각각의 상황에 맞게 영어교육을 시작하면 그것으로 충분하다. 아이에 따라서는 모국어 이외의 언어에 강한 거부감을 가지는 경우도 있다. 획일화된 기준을 강요해서 영어를 가르치다 보면 역효과가 생긴다. 당연한 일이다. 빨리 가르치는 것만이 능사는 아니다. 우리는 그동안 '시기'의 중요성에만 매몰된 나머지 다른 변수를 등한시하고 있었다. 비싼 교재나 조기유학 등에 현혹돼 부모가 아이와 함께 배워 나가야 한다는 단순한 진리를 잊고 있었는지 모른다.

## 두뇌에 대한 2가지 오해

자녀교육에 헌신적인 부모들은 이미 두뇌와 학습에 대한 정보도 많이 갖고 있다. 이 책에서 펼쳐놓을 영어와 두뇌와 관한 이야기가 새로울 게 없다고 지적하는 부모도 있을 수 있다. 그만큼 우리나라 부모들은 지식도 많고 열정적이다. 하지만 수많은 부모들이 잘못 알고 있는 부분이 있다. 이를 미리 지적하고 영어두뇌에 대한 본격적인 이야기를 풀어가고자 한다.

첫째, 학습 능력에 관한 오해다. 일반적으로 사람들이 생각하기에 나이가 들면 두뇌의 학습 능력이 저하된다고 여긴다. 완전히 틀린 생각은 아니다. 그러나 이는 두뇌에 대한 올바른 이해가 아니다. 나이가 들면서 두뇌의 '특기와 관심사'가 변하고 있다고 이해해야 옳다. 어렸을 때 뭐든지 잘 외우던 머리가 나이가 들었다고 못 외우는 게 아니라는 얘기다. 휴대전화의 기능이 진화하면서 그동안 잘 외우던 전화번호를 외울 필요가 없어진 것이지 전화번호를 기억하는 능력이 사라진 게 아니다. 내비게이션이 보편화돼서 길을 기억할 필요가 없어진 것이지 길 찾기 능력을 잃어버린 게 아니다. 예전에는 '외워야' 하는 머리였지만 지금은 '읽어야' 하는 머리가 필요하기에 두뇌가 관심사를 바꿨을 뿐이다. 두뇌는 쓰면 쓸수록 발달한다. 학습 능력이 필요하면 자꾸 시도하면 된다.

둘째, 두뇌 활성화 영상에 관한 오해다. 뇌과학 연구가 활발히 진행되면서 자주 이용하는 것이 'fMRI(기능성 자기공명 영상)'다. 인간이 어떤 활동을 할 때 뇌 속에서 일어나는 생리학적 변화를 사진으로 확인할 수 있다는 것은 신뢰할 만한 일이긴 하다. fMRI를 통해 육체와 정신의 상관관계를 밝히려는 연구가 많이 시행되고 있다. 예를 들면 뇌에서 시각과 청각을 담당하는 부위가 각기 다르다는 사실을 fMRI 사진으로 확인할 수 있다. 따라서 두뇌가 학습할 때도 뇌의 어떤 부분을 사용하고 있는지 관찰할 수 있다. 영어를 공부할 때와 수학을 공부할 때 각각 뇌의 어떤 부분이 활성화되는지 볼 수 있다는 것이다. 그렇다면 두뇌는 활성화될수록 능력이 뛰어난 걸까? 대다수의 사람들은 특정 부위가 활성화된 두뇌 영상을 보면 뇌의 능력이 뛰어나게 변한다고 생각한다. 그러나 활성화된 사진은 그저 두뇌가 활동하고 있다는 사실을 보여주고 있을 뿐이다. 오히려 능력이 뛰어난 두뇌라서 활성화가 필요 없는 경우도 있다. 영어에 능숙한 사람은 굳이 두뇌가 많은 에너지를 쏟을 필요가 없으므로 영어를 못하는 사람에 비해 두뇌 활성화 면적이 작을 수도 있다는 말이다. 예컨대 헬스클럽에서 운동하면서 처음에 힘들게 들던 아령을 나중에는 쉽게 들 수 있게 되는 것과 같다. 근육이 발달하면 꼭 필요한 힘을 효율적으로 사용해서 아령을 들 수 있는 것처럼, 영어에 익숙하면 두뇌 회로를 조금만 활성화해도 영어를 쉽게 사용하기 때문이다.

## 영어두뇌를 만드는 무릎 영어

시간이 흐를수록 점점 더 영어가 중요해지는 사회가 된다는 것을 우리는 잘 알고 있다. 아이가 인생을 좀 더 편하고 성공적으로 살 수 있게 해주기 위해서라도 영어는 포기하거나 타협할 수 없다. 지금 당장 아이가 성취를 보이지 않는다고 할지라도 결코 멈출 수 없는 것이 영어교육이다.

부모가 아이의 영어를 위해 할 수 있는 방법은 다양하다. 어학연수나 유학, 유명 학원이나 과외, 영어 돌보미 등 저마다 최선의 방법을 찾아 아이에게 영어를 가르친다. 하지만 단언컨대 부모가 아이를 무릎에 앉혀놓고 직접 영어책을 소리 내 읽어주는 것만큼 효과적인 영어 학습법은 없다. 아이의 인성을 위해서 이른바 '밥상머리 육아'가 중요하듯이 아이의 영어두뇌를 위해서는 '무릎 영어'가 매우 중요하다. 부모가 영어를 읽을 수 있는 수준만 된다면 반드시 아이에게 영어책을 읽어주자. 영어 실력이 뛰어나거나 영어 발음이 훌륭해야만 할 수 있는 일이 아니다. 단지 부모가 영어책을 함께 읽어주는 것만으로도 아이의 영어두뇌 형성에 막대한 영향을 미칠 수 있다. 부모가 함께 읽어주고 믿어주면 아이는 따라온다. 엄마와 아빠의 견고한 믿음은 아이의 가슴 속에 불씨가 되어 평생 계속될 열정에 불을 지펴줄 수 있다.

English Brain

# 아이의
# 발달 지표

아이의 발달이 어느 정도 이뤄지고 있는지 인지적 지표를 관찰하면 자녀교육에 도움이 된다. 다만 획일적인 잣대로 활용하면 안 된다. 아래 열거된 행동이 해당 발달 연령대에 대표적 활동 및 성취도를 나타내지만 평균적인 정보일 뿐이다. 모든 아이들은 저마다 독특하기 때문에 정상 범위 내에서 평균 수준보다 빠르거나 느린 성취도를 보일 수 있다.

### 탄생부터 8개월까지

자기 자신에 대해 배운다. 팔과 다리를 움직이고 손가락을 빤다. 울면 부모가 온다는 신뢰감이 생긴다. 딸랑이를 흔들어서 소리를 내는 것처럼 무언가를 해낼 수 있다는 사실을 알게 된다. 기쁨·즐거움·슬픔·두려움·분노·흥분 등의 감정을 알게 되고 부모에게 표현한다. 익숙하거나 낯선 얼굴을 알아보며 부모의 목소리를 남과 구별할 수 있어서 익숙한 사람들과 함께 있을 때 가장 편안해한다. 몸을 주도적으로 움직일 수 있게 되고 손짓과 옹알이로 의사소통 하는 법을 배운다.

### 8개월에서 18개월까지

부모가 보이는 반응에 따라서 스스로에 대해 다르게 느끼는 법을 알아간다. 부모가 귀를 기울이고 칭찬하고 새로운 것을 해보도록 하면 자랑스러워하고 자신감도 갖는다. 감정 표현이 점차 강해지며 부모에 대한 애착도 커진다. 좋아하는 장난감이 생기고 다른 아기들과 노는 것을 좋아하지만 함께 나눌 줄은 모른다. 부모의 행동을 따라한다. 앉기, 기기, 걷기를 배운다. 눈을 맞추고 원하는 것을 가리킨다. 옹알거리며 한두 단어 정도를 말할 수 있지만, 듣고 이해하는 것은 말하는 수준 이상이다.

자기가 갖고 있는 힘을 느끼고 독립심이 생기지만 분명하고 일관된 한계를 설정하기 위해 부모를 필요로 한다. 자기통제력이 생기기 시작한다. 다른 사람도 감정이 있음을 배우고 자신의 감정을 언어로 표현하는 법을 배운다. 책장을 넘길 수 있고 공을 차고 던진다. 이야기와 음악을 즐겨 듣고 소리와 단어로 장난을 친다.

### 3세에서 4세까지

달리고 껑충거린다. 한 발로 균형을 잡고 설 수 있다. 신발을 신고 셔츠 단추를 끼운다. 간단한 이야기를 할 수 있고 다른 아이와 즐겁게 논다. 단순한 물체를 그릴 수 있다. 질문을 많이 하고 일반화하기 시작한다.

### 4세에서 7세까지

혼자서도 옷을 입는다. 킥보드를 타고 단순한 글자를 쓴다. 친한 친구와 즐겁게 놀고 단순한 규칙에 따라 순서를 지키며 게임을 할 수 있다. 어느 정도 책임감이 생기고 규칙에 따르는 것을 즐긴다. 집에서 생활하는 것을 좋아하지만 주변에 대해 배우는 것에도 흥미를 보인다.

### 7세에서 9세까지

이 단계가 되면 아이는 모형 비행기를 조립하고 퍼즐을 맞추기도 한다. 단순한 악기를 연주하고 미술과 만들기를 즐긴다. 두발 자전거를 탈 수 있고 뒤로 걸을 수 있으며 매듭을 지을 줄 안다.

### 9세에서 12세까지

스포츠, 만들기, 수학 문제 풀이, 자기표현 등에 능숙해진다. 이 시기에 익힌 기술이 직업 선택의 경우처럼 향후 생애를 결정하는 발달에 영향을 미친다. 상상의 나래를 펼치지만 논리성도 발달하기 시작한다.

### 10대 초반(12세~14세)

이제 아이는 더욱 독립심이 강해진다. 자아를 부단히 모색하고 감상에 빠질 수도 있다. 말을 이용해 자신을 표현할 수 있지만 그보다는 행동으로 감정을 표현할 때가 많다. 교우관계가 더욱 중요해지며 부모와 가족에 대한 관심이 옅어진다. 부모가 완벽하지 않음을 알게 되고 자기 잘못을 파악한다. 아이 같은 행동을 하기도 하며 규칙과 제한에 도전하기 시작한다. 취미나 옷을 선택할 때 동년배의 영향을 받는다.

### 10대 중반(14세~16세)

자신에게 몰입하며 비현실적으로 높은 이상과 자괴감 사이에서 흔들린다. 외모와 자기 몸에 대해 극도로 예민해진다. 부모가 자꾸 간섭한다고 불평하며 부모에 대한 애착이 줄어들기도 한다. 동년배 집단의 영향을 받고 인기에 신경 쓰며 특정 집단의 일원이 된다. 일기를 쓰는 것 같은 내적 경험을 모색하기 시작한다. 지적 호기심이 출현하며 이상을 키우고 역할 모델을 찾는다.

### 10대 후반 (16세~19세)

자의식이 더욱 강해진다. 미리 계획을 세울 수 있고 심사숙고하며 목표를 설정하고 이뤄나간다. 협상할 줄 알고 보상이 늦어지는 것을 인정한다. 감정적으로 훨씬 안정되고 세련된 유머 감각을 선보인다. 독립적으로 의사 결정을 하고 해낸 일을 자랑스러워한다. 남을 배려하고 미래에 대한 관심을 갖는다.

# WHO?
## 영어 실력이 뛰어난 아이들

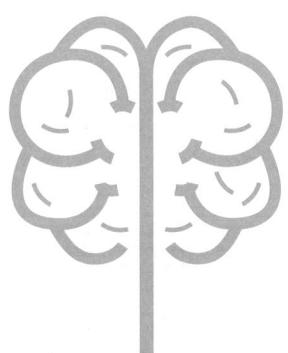

God, whose law it is that he who learns must suffer.

Aeschylus

모든 부모는 누구나 아이에 대해 욕심을 부리기 마련이다. 겉으로 표현하든 안 하든 엄마와 아빠는 아이가 특별한 재능을 타고났거나 어딘가 탁월하기를 바란다. 세상에 태어난 지 몇 개월 되지도 않은 아이가 처음 "엄마"라고 말하면 그 작은 성취에 대한 기쁨은 이루 말할 수가 없다. 그런데 말문을 열기 시작한 아이에게 고마움을 느끼면서부터 부모의 시계는 마구 달리기 시작한다. 아인슈타인의 특수상대성이론처럼 어서 뭔가를 더 보여 달라고 요구하는 부모의 시계는 아이의 시계와는 다른 시공간에서 똑딱대기 시작한다. 아이가 세상에 태어나 처음 이뤄낸 "엄마"라는 말에 고마워하던 부모의 경탄은 어느새 '아직도 엄마라는 말 밖에 못해?'라는 조바심으로 바뀐다.

영어 잘하는 아이는 부모가 만든다. 아이의 영어두뇌는 부모에 의해 만들어지는 것이다. 하지만 아이 두뇌의 언어 회로에는 차이가 있다. 아이의 특성을 정교하게 구별해내서 알맞은 방식으로 언어 회로에 접근하는 것이 좋다. 그러나 모든 부모가 노련한 교육자가 되어 아이를 지도하기란 쉬운 일이 아니다. 자칫 어설픈 접근은 언어 회로에 혼선을 더하기 쉽다. 많은 비용이 들어도 영어 유치원 같은 사교육에 맡기는 편이 부모 처지에서 안심이 되는 이유다. 그래도 아이의 영어두뇌는 엄마와 아빠가 만들어줘야 한다. 부모가 영어를 잘하지 못해도 상관이 없다. 부모 중 한 사람만이라도 아이의 영어교육에 관심을 기울여 줄 수 있으면 된다.

아이가 우리말은 제법 잘하는데 영어에는 도통 관심도 없고 영어책을 읽어주려고 아무리 노력해도 거부하는 경우에는 어떻게 해야 할까? 아이의 교육이 커다란 벽에 가로막힌 느낌이 들면서 허둥지둥 전문가의 개입이 필요한지 여부를 심각하게 고민하게 될 것이다.

# 아이가 영어를 싫어한다면

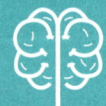

첫째 아이에게 뺨을 철썩 맞았다. 영어로 몇 마디 말을 건넸더니 불편한 듯 눈을 크게 뜨고 갸웃거리던 끝에 손바닥을 날린 것이다. 녀석이 태어난 지 15개월째 벌어진 일이다. 6개월 때는 그저 놀란 듯 고개를 홱 돌리고 눈만 부릅떴었는데….

이후에는 아이에게 입을 얻어맞았다. "올리버 '트·위·스·트'라고 읽어야지 왜 'twist'라고 읽어" 하는 질책을 들으면서. 녀석이 태어난 지 30개월째의 일이다. 아이는 이미 우리말 발음에 익숙해 있었다. 우리말로 읽으면 4음절인 '트·위·스·트'지만 영어로 읽으면 1음절인 'twist'임을 아이는 이미 알고 있었다. 우리말 책은 읽어달라고 조르지만 영어로 된 책을 읽어주려고 하면 경기를 일으킬만큼 싫어했다. 학교에서 영어를 가르치고 영어교육에 관한 강의를 하는 아빠로서 내 아이만큼은 어릴 적부터 영어를 잘했으면 하고 바랐다. 그런데 아이가 이런 반응을 보이니 실망스럽지 않을 수 없었다. 그래도 왜 그러는지 이유를 알고 있기에 당분간 영어는 겉으로 드러나게 가르치지 않기로 마음먹었다. 아이가 영어가 싫다는 의사를 분명히 표현한 만큼 당분간은 영어를 억지로 시키지 않기로 했다.

"아빠, 그게 아니지… '그리고'를 빼먹었잖아!"

둘째 아이를 출산한 아내가 산후조리하고 있을 때다. 첫째 아이는 42개월이 됐다. 재우려고 소리 내 읽어준 우리말 생활동화의 한 구절에서 녀석이 불쑥 내뱉은 말이다. 아직 자연스럽게 말을 하지 못해 부모로서 염려를 많이 하던 아이다. 속으로 '그것 참 신기하네' 하며 대수롭지 않게 '그리고'를 붙여서 다시 읽어준 뒤 책장을 넘겨 몇 줄 더 읽었다.

"흠, 흠. 대장 악어의 눈곱이… 슈슈는 아빠에게…."

여기까지 읽고 나서 일부러 잠시 멈춰봤다. 그런데 침묵이 몇 초 이어지자 아이가 냉큼 "들킬까 봐 식은땀이 나요" 하고 다음 구절을 외우는 게 아닌가.

"그럼 여기에서는 무슨 말이 나올지 아빠한테 읽어줄 수 있어?"

이렇게 물었더니 한두 문장이 아니라 아예 쪽 전체를 토씨 하나 틀리지 않게 외우는 것이다. 예사롭지 않다고 생각한 나는 곧바로 책장에서 같은 시리즈의 책 몇 권을 더 빼왔다.

'설마 이 책도 다 외우는 건 아니겠지?'

이게 웬일인가? 아이는 그 책도 처음부터 끝까지 다 외우고 있었다. 다음 책도 다 외웠다. 아직 한글도 읽지 못하는 녀석이 동화책을 정확하게 암기해버린 것을 확인할 수 있었다. 영어책을 읽어주거나 영어로 말을 건넬 때마다 뺨을 때리는 등 영어교육을 전공한 아빠의 마음에 어지간히 상처를 주었던 녀석이다. 우리 나이로 네 살이 넘도록 제대로 대화를 할 수 없을 정도로 유난히 말이 늦은 우리말 늦깎이가 이토록 감동을 줄 줄이야.

나는 아이가 수십 권의 책을 몽땅 외운 과정을 살펴봤다. 한 달 전 생활동화 전집을 샀는데 그 전집에는 절반 정도는 노래로, 또 절반 정도는 낭독으로 재미있는 효과음과 함께 책 내용이 전부 녹음된 CD가 부록으로 딸려 있었다. 이전까지는 엄마나 아빠가 아이를 무릎에 앉혀놓고 틈틈이 책을 소리내서 읽어줬는데, 글이 좀 긴 경우에 아이가 참지 못하고 책장을 넘겨버리는 경우가 많아 "넘기자"라고 신호를 주면 책장을 넘기도록 꾸준히 훈련시켰다. 새로 산 전집 CD에는 책장을 넘길 때가 되면 신호음이 나왔다.

일단 아이가 보는 앞에서 CD 비닐 포장을 벗기면서 "어, 이 책에는 CD가 함께 있네?" 하며 신기한 듯 오디오에서 흘러나오는 소리에 맞춰 책장을 넘기는 모습을 보여줬다. CD 한 장에 책이 대여섯 권 정도 들어 있었다. 며칠 뒤부터는 아이의 눈에 소위 '다크 서클'이 점차 늘어졌다. 아이가 안방에서 계속 나오지 않아서 궁금하던 참이었다. 당시 만삭인 아내가 조용히 여기 좀 보라는 손짓을 하기에 몰래 안방을 보니 아이가 발치에는 그 전집을 열 권 정도 쌓아놓고 독서대에는 한 권 얹어놓고서 CD 소리에 맞춰 열심히 책을 보고 있는 게 아닌가. 너무 무리하게 책에 매달려 있다는 생각이 들 정도로 녀석의 눈은 피곤해 보였지만 신나게 책장을 넘겨댔다. 그렇게 불과 일주일 만에 아이는 동화 전집을 모두 암기했던 것이다.

## 아이의 놀라운 학습 능력 물질

아르키메데스가 느꼈을 '유레카'의 순간에 필적할 만한 그때의 기쁨이 여전히 생생하다. 하지만 이내 그것이 우리 아이한테만 나타난 천재성이 아니라, 꾸준히 책을 읽어준 부모라면 적지 않게 경험한 현상임을 깨닫게 됐다. 생후 2년에서 8년 사이 아이들을 보면 마른 스펀지를 연상시킬 정도로 왕성하게 주변 지식을 빨아들인다. 그 이유는 어린아이의 두뇌에서는 어른들과 다른 일이 벌어지고 있기 때문이다. 다음 그림은 인간의 두뇌를 왼쪽 방향에서 바라본 모습이다.

: 두뇌 속의 기저전뇌핵

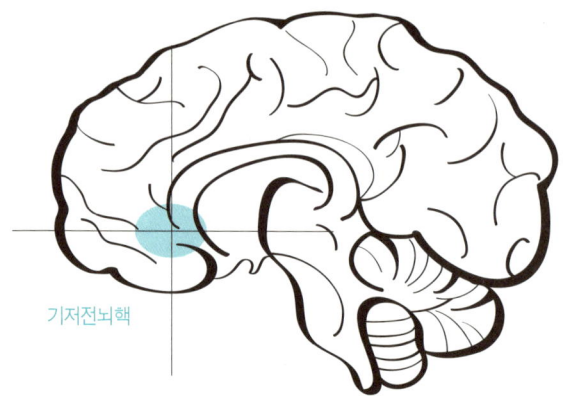

기저전뇌핵

이마 안쪽에 '기저전뇌핵(basal forebrain)'이라는 부위가 보인다. 이곳에서는 특별한 주의집중력을 기울이지 않고도 두 살에서 여덟 살 정도 된 아이의 두뇌가 기적과도 같이 수많은 정보를 흡수할 수 있도록 해주는 물질인 BDNF가 샘솟는다. 이 물질 덕분에 아이는 일부러 주의를 기울이지 않아도 주변에서 들어오는 거의 모든 정보를 '사진 찍듯이' 외워버릴 수 있다. 그래서 아이는 이 시기에 부모와 주변 사람들에게 온갖 질문 공세를 퍼부으며 앞으로의 삶에 필요한 재료를 지치지 않고 긁어모은다. 신비롭게도 그 물질이 나오는 기간은 아이가 모국어를 놀라운 속도로 습득하는 시기와도

**BDNF**
뇌 유래 신경성장 인자(Brain - Derived Neurotrophic Factor). 주의집중력과 관련된 두뇌 부위를 자극해 마술처럼 기억하도록 만드는 물질로 두뇌 각처에서 분비됨

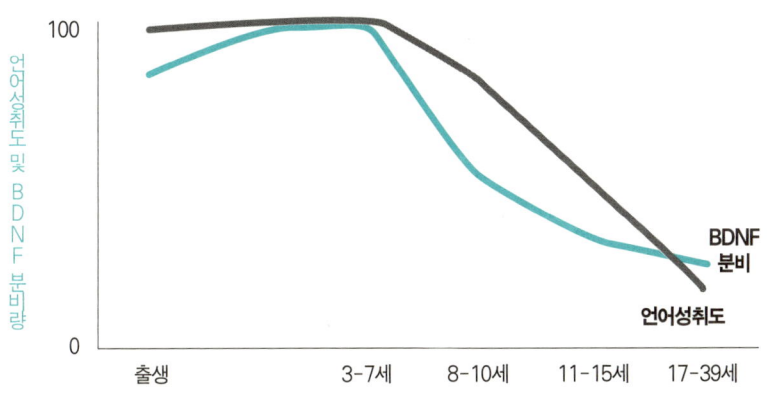
: BDNF 분비와 언어성취도의 관계 (예시)

거의 일치한다. 나이를 먹어가면서 서서히 기저전뇌핵의 샘물은 마르고 뭔가 배우고자 하면 의식적으로 주의력과 집중력을 발휘해야 한다. 그래서 아동기에 비해 10대가, 10대에 비해 20대가 새로운 언어를 배우기 위해 더 많은 시간과 더 많은 노력이 필요한 것이다. 나이가 들어서 외국어를 공부할 때는 어릴 때와는 다른 전략을 택해야 하는 이유이기도 하다. 첫째 아이의 42개월 된 두뇌에서는 이 샘물이 한창 솟아나는 시기였으므로 아이는 수십 권의 책을 단숨에 외워버렸던 것이다. 여기에서 한 가지 주목할 만한 점이 있다. 실제로 꽤 오랜 기간 동안 아이가 책에 있는 문자를 부모의 음성이나 CD의 동화 낭독소리와 일치시키는 작업을 해왔다는 사실이다. 이것은 나중에 영어를 가르칠 때에도 적용되는 중요한 사항이다.

이렇게 소리와 텍스트를 맞춰가는 단계를 거친 아이에게 한글 자모법칙과 글자-소리 대응(letter-sound correspondence) 관계를 종이에 써가며 가르쳤다. 일종의 한글 파닉스를 가르친 셈이다. 약 두 달 뒤 3년 8개월 된 첫째 아이는 한글을 느리게나마 읽을 수 있게 됐다. 한글이 얼마나 과학적이고 체계적인 문자인지는 아이에게 직접 한글을 가르쳐본 사람은 다 알고 있을 것이다. 자동차를 타고 가면서 볼 수 있는 표지판은 아주 좋은 한글 읽기 교재가 됐다. 고속도로에서 차가 빠르게 달릴 때 나오는 안내 표지 내용을 아이에게 시험 삼아 물었다. 처음엔 잘 읽지 못하더니 두세 달이 지나자 오히려 신나서 표지판을 읽으며 "저건 대관령 4터널이고 길이는 육(6) 칠(7) 영(0)미터야"라며 뽐을 냈다. 짧은 순간 한글 이름과 숫자라는 두 가지 종류의 정보를 정확하게 기억해서 되뇔 수 있다는 것은 아이의 두뇌에 한글을 자동적으로 인식하는 부위가 자리잡았다는 증거다. 아이는 스스로 한글책을 빼서 독서대에 얹어놓고 하루에도 길게는 몇 시간씩 독서 삼매경에 빠져들기 시작했다. 한글의 경우에서는 읽는 법을 배우는 'learn to read' 단계에서 배우기 위해 읽는 'read to learn' 단계로 넘어가고 있었다.

> **파닉스(phonics)**
> 문자와 소리 간의 관계에 중점을 둔 발음 중심 언어 지도법. 문자와 음성언어 사이의 일정한 규칙을 가르치면 글자를 읽는 데 도움이 된다.

## 영어 경계심 풀기

앞에서 언급했듯 첫째 아이는 아기 적부터 영어에 대한 거부감으로 아빠의 뺨까지 때리던 아이다. 영어책을 읽어주는 것도 극도로 싫어했다. 하지만 희망을 놓고 있지 않았다. 우리말이 든든하게 자리잡고 나면 영어를 충분히 익힐 거라고 생각했다. 그래서 한글을 능숙하게 읽을 수 있을 때까지 영어교육을 미루고 있었다. 물론 중간 중간 '간을 보기 위한' 시도는 했지만 녀석은 굴하지 않고 "영어 싫어!"를 연발했다.

언젠가 "아빠, 우리말로 들으면 쉽게 이해할 수 있는데 무엇 하러 영어로 들어야 해?"라고 털어놓던 녀석처럼 국어를 꽤 잘할 수 있는 아이는 이미 우리말이 익숙해서 편하게 언어생활을 즐긴다. 그러므로 잘 알아듣지 못하는 외국어에 대해 본능적으로 경계심을 품는 게 당연하다. 이럴 때는 우선 그 경계심을 풀어주는 지속적인 설명과 동기부여가 필요하다. 영어는 즐겁고 쓸모 있는 것이라는 인식을 꾸준히 심어줘야 한다. 간을 보듯 조금씩 영어 투입량을 늘려가면서, 경우에 따라 좋아하는 과자나 초콜릿 같은 외적인 동기부여 장치도 고안해야 한다.

이때 영어를 배우고자 동기를 부여하는 가장 좋은 방법 중 하나는 영어로 이름을 붙여주고 영어 인사부터 시작하는 것이다. 잠자리에 들면서 "Good night, Jason(아이의 영어 이름)" 하고 말하면 아이는 "Good night, daddy"나 "Good night, monster", "Good night, tiger" 등을 연발하며 깔깔거리다가 잠이 든다. 영어를 잘하지 못하는 아이들은 일단 편안하게 인사를 주고받지 못한다. 생활 속에서 자연스럽게 영어로 인사를 나눌 수 있도록 훈련을 시켜 놓으면 의외로 쉽게 영어 말문이 트일 수 있다.

우리말에 익숙해진 첫째 아이는 필요한 정보를 얻기 위해 또는 재미를 위해 한글을 마음대로 읽을 만큼 충분한 실력을 갖추자 5년 4개월부터는 본격적으로 영어를 시작했다. 우리말로 해본 가락이 있어서인지 CD에서 제법 빠른 속도로 흘러나오는 영어 낭독 속도에 맞게 영어책 위를 손가락이나 연필로 따라다녔다. 평소 꾸준히 영어에 대해 동기부여를 해서 그런지 한 번 한글 자막으로 본 영어 DVD 만화를 두 번째부터는 군말 없이 영어 자막 또는 자막 없이 감상한다.

이렇게 1~2년 정도만 관심을 갖고 영어에 노출시키면 아이는 한글에서 그랬듯이 영어에도 차차 능숙하게 되어 'read to learn' 단계로 올라갈 것이다. 부모가 너무 조바심만 내지만 않으면 아이는 제 갈 길을 알아서 잘 찾아간다.

나는 영어를 싫어하거나 영어를 아직 못하는 자녀를 둔 부모들에게 "영어공부 절대 억지로 가르치지 말라"고 조언한다. 대신 쉬운 인사말이나 아이가 좋아할 만한 동요 등의 노래를 이용해볼 것을 권한다. 영어를 싫어하거나 못하더라도 부모가 관심의 끈을 꼭 쥐고 있으면 절대로 걱정할 일 없다.

## 두뇌도 특기가 변한다

여러 연구 결과들에 따르면 7세 정도까지는 우리말과 글로 된 책을 좋아하고 스스로 읽을 수 있는 수준이면 충분하며 체계적인 읽기 교육을 너무 서두를 필요는 없다. 실제로 핀란드 아이들은 만 7세가 된 후에야 공식적인 읽기 교육을 받기 시작하는데도 2년 더 일찍 읽기 교육을 받는 미국 어린이들보다도 더 높은 읽기 성취도를 보인다. 미국 교육부 통계 자료에 따르면 2021년 기준으로 초등학교 4학년들의 경우 핀란드의 읽기 성취도는 세계 5위를 차지하고 있다.

인간의 두뇌는 그 관심도에 따라 특기도 변한다. 얻는 것이 있지만 잃는 것도 생기는 셈이다. '지식의 저주'라고 불러야 할까? 첫째 아이가 스스로 한글을 읽을 수 있게 되자 전에 갖고 있던 암기하는 능력이 너무 급하게 사라진 감이 있었다. 두뇌가 문자를 통해 충분한 정보를 얻을 수 있음을 깨달으면서 모두 암기해야 할 필요성이 줄어들었기 때문이다. 손만 뻗으면 얼마든지 먹을 것을 얻을 수 있는

: 국제 읽기 능력 평가(PIRLS) 결과

| 교육 국가 | 싱가포르 | 홍콩 | 러시아 | 영국 (잉글랜드) | 핀란드 | 폴란드 | 대만 | 스웨덴 | 오스트레일리아 | 불가리아 | 읽기능력 평가평균 |
|---|---|---|---|---|---|---|---|---|---|---|---|
| 읽기 능력 전체 평균 | 587 | 573 | 567 | 558 | 549 | 549 | 544 | 544 | 540 | 540 | 500 |
| 독서 목적 — 문학 경험 | 591 | 564 | 566 | 558 | 547 | 552 | 533 | 545 | 543 | 544 | 500 |
| 독서 목적 — 정보 활용 능력 | 586 | 582 | 568 | 559 | 550 | 548 | 549 | 544 | 539 | 538 | 500 |

: 초등학교 4학년, 2021년 :

열대 지방 원주민은 홍수로 인해 농토를 잃었을 경우를 위해 수학을 배울 필요도 없고 추운 겨울도 없으므로 식량을 저장해놓기 위한 지혜를 짜낼 생각 자체를 못하는 것과 같다.

그러므로 아직 초등학교도 들어가지 않은 아이에게는 리터러시(literacy)를 너무 성급히 가르치지 않아도 된다. 첫째 아이 덕분에 얻은 경험을 통해 둘째 아이에게는 우리말과 영어를 동시에 가르치되 문자는 일부러 명시적으로 가르치지는 않으려 했다. 마치 저녁식사에 손님들을 7시에 초대했는데 6시에 오는 손님을 좋아할 주인은 없듯이 부모의 느긋한 여유와 끈기 있는 관심이 가장 중요하다. 영어에 재능을 보이는 아이일수록 우리말 계발에 더욱 신경 써야 한다. 아이가 잘한다고 해서 아이의 발달단계를 거스르며 성급하게 밀어붙여서는 안 된다. 물론 7시에 초대한 손님이 친절하게도 4시에 와서 일손을 돕겠다고 자발적인 제안을 할 수 있다. 드물지만 고맙게 받아들이면 되듯 자연스럽게 아이가 글자를 일찍 읽을 수 있게 되는 것도 억지로 막을 일은 아니다.

**리터러시(literacy)**
문자를 읽고(文識) 이해하고(文解) 쓸 수 있는 능력. 문자에 대한 수용적 개념과 함께 표현력을 포괄하는 의미다.

# 외국에
# 가지 않고
# 영어 익히기

어느 겨울날 오전 11시 10분 서울 강동구의 한 피자 전문점에 들어갔다. 손님을 맞이할 준비로 식당 직원들이 쓸고 닦고 분주한 가운데 가장 편안해 보이는 자리에 앉아 약속 시간인 11시 30분까지 창밖으로 평화로운 올림픽공원 초입을 바라보며 느긋하게 기다리고 있었다. 11시 20분 정도 되자 젊은 여성 한 사람이 허리를 곧게 편 채 가벼운 발걸음으로 들어왔다. 기다리는 사람이 한 명이니 망설이지 않고 서로의 이름을 부르며 반갑게 인사를 나눴다. 단정한 뿔 테 안경 뒤로 말끔한 눈썹과 커다란 두 눈, 웃을 때마다 가지런히 새하얗게 드러나는 치아만 봐도 밝은 성격으로 즐겁게 생활하고 있음을 단박에 알 수 있었다. 약간 부르텄지만 모양 좋은 입술은 힘 들어도 최선을 다하고 있음을 보여준다. 실제 나이보다 훨씬 어려 보이는 맑은 눈동자와 장난기까지 담은 환한 미소 덕분에 앞에 앉아 있는 것만으로도 기분이 덩달아 좋아지는, 일곱 살 딸아이를 둔 엄마다. 직업은 영어 스토리텔링 전문 강사이고 아이의 이름은 희서다.

샐러드 바에서 각종 야채와 파스타 등을 가져다 놓고 먹는 둥 마는 둥 잠시 대화를 나눴다. 스토리텔링 전문가 답게 희서 엄마는 한글책이든 영어책이든 어린이 도서부터 전문 서적까지 폭넓은 독서를 즐기고 있다고 했다. 희서도 우리글과 영어 모두 읽고 쓸 수 있는데 한글 읽기는 그림책을 이용해 3세 정도에 혼자 터득했고 한글 쓰기는 다섯 살 때 가능했단다. 영어는 그림책이나 어렵지 않은 영어 챕터북을 읽을 수 있는 수준으로 비슷한 나이대의 다른 아이들에 비해 탁월한 언어 능력을 갖추고 있다고 했다.

"외국에 나가서 산 경험도 없고 우리나라에서만 영어를 익혔는데 어떻게 한글뿐만 아니라 영어도 잘 읽고 쓰게 됐나요?"

질문하자 망설임 없이 답이 돌아왔다.

"제 직업이 영어 스토리텔링 강사다 보니 희서를 임신하고 있을 때부터 출산 직전까지 문화센터라든지 영어책 서점 등에서 스토리텔링 수업을 활발히 진행했어요. 언제부터인가는 제가 스토리텔링 수업을 할 때마다 아기가 뱃속에서 행복하다는 듯 발길질하며 태동하는 것을 느꼈죠. 얼마나 신기했는지 몰라요.

태중에서도 한글 영어 구분 없이 운율이 담긴 영어 스토리텔링을 들으며 세상에 태어난 희서는 영어와 우리말에 대한 구분이나 거부감을 전혀 표시하지 않았다. 물론 내 첫째 아이처럼 영어로 말한다고 엄마의 뺨을 때리지도 않았다.

희서가 태어난 뒤로도 엄마와 아빠는 매일 시간이 날 때마다 감정을 듬뿍 담아 재미있는 이야기들을 들려줬다. 주로 많이 읽어준 책은 앤서니 브라운(Anthony Browne)의 '고릴라' 시리즈나 《Willy the Dreamer》였고, 〈Wee Sing〉처럼 영어 노래가 담긴 DVD도 많이 보여줬다고 한다. 희서 엄마는 《Leo the Late Bloomer》처럼 동물을 매개로 하여 삶을 표현하는 책들은 아이들의 공감을 깊게 불러일으키므로 꼭 추천하고 싶다고도 덧붙였다.

### 자주 읽어주면 저절로 생기는 것

"제가 실험정신이 좀 있나 봐요. 다큐멘터리 프로그램을 보다가 아기 침대에 누워 있는 희서의 엄지발가락에 끈을 묶어서 모빌에다가 연결해줬더니 방송 내용처럼 아기가 금방 끈을 발가락으로 당겨서 모빌을 움직이며 좋아하더라고요."

장난처럼 즐겁게 스토리텔링도 많이 들려주고 노래도 많이 불러주고 지내던 중 희서가 태어난 지 6개월 정도 됐을 때 놀라운 일이 일어났다. 엄마가 혼자 흥얼거리는 노래를 가만히 듣던 아기가 거실의 서가로 낑낑대며 가더니 엄마의 노랫말이 담긴 영어책을 빼서 가져왔다는 것이다.

그렇게 우리말과 영어 구분 없이 엄마 아빠의 사랑을 듬뿍 받으며 자란 희서는 상황에 맞게 우리말과 영어를 구사하고 원하는 책이 있으면 한글과 영어 구분 없이 자유롭게 읽을 수 있게 됐다. 하지만 만 5세가 되던 때 한 번의 위기가 찾아왔다. 우리말과 글에 충분히 익숙해진 희서가 영어에 대한 거부감을 보였던 것이다. 엄마는 침착하게 기다려주다가 한 가지 꾀를 냈다. 딸을 잘 이해하고 있던 엄마는 희서가 동물들의 이야기에 깊게 공감한다는 걸 생각해냈다. 그래서 아기가 좋아하는 미키 손 인형을 이용해 왜 영어를 함께 배우면 좋은지 차근차근 설명했다.

결과는 성공이었다. 이제 일곱 살이 된 희서는 수십 권에 달하는 초급 챕터북인 《매직트리하우스(Magic Tree House)》를 깔깔거리며 읽을 정도로 상당한 실력을 갖추고 있다.

희서가 영어를 잘한다고 해서 우리말에 소홀한 것은 아니어서 우리말과 글도 일찍 깨우쳤다. 엄마가 소리 내서 읽어주는 수많은 그림책을 듣다가 어느 순간 스스로 한글책 읽는 법을 터득했다고 한다. 일부러 가르치지도 않았는데 만 5세에서 6세 사이에 한글을 직

영어 실력이 뛰어난 아이들

: 월령별 입말(음성언어) 발달 단계

| 입말(음성언어) 이해 | 생후 개월 수(월령) | 입말(음성언어) 표현 |
|---|---|---|
| 세계 모든 언어의 소리를 구별 | 0 | 비언어적 소리를 냄 |
| | 3 | |
| | 4 | 모음과 비슷한 소리를 내기 시작함 |
| 특정언어(모국어) 모음을 인식하기 시작 | 6 | |
| | 7 | 음절 반복형 옹알이("마마마" "바바바") 시작 |
| 모국어 소리 조합을 인식하기 시작 | 8 | |
| 외국어 소리 인식 능력이 급격히 감소<br>모국어 소리 인식 능력이 급격히 증가 | 11 | 모국어 말소리를 표현하기 시작 |
| 60~90단어를 이해 | 12 | 첫 단어를 소리 냄 |
| 두 단어 조합을 이해하기 시작 | 15 | |
| | 16 | 50단어 정도를 소리 냄 |
| 170~230단어를 이해 | 18 | |
| | 24 | 두 단어로 된 표현을 말함 |
| | 28 | 200~300단어 정도를 말함 |
| 복잡한 문장을 이해하기 시작<br>("상자 속에 인형을 넣어.") | 29 | 과거형 표현 사용 시작 |
| | 30 | 미래형 표현 사용 시작<br>질문하기 시작("누구야?" "뭐야?") |
| 일상적인 동사와 형용사를 이해 | 34 | 1,000단어 정도를 말함<br>자신의 성별과 이름을 말함<br>네 단어 이상을 활용해 어른처럼<br>말하기 시작("우유를 더 먹고 싶어.") |
| | 36 | |

접 쓸 수 있게 됐다고 한다. 희서는 영어와 우리말을 둘 다 편안하게 사용한다. 엄마를 그대로 닮았기 때문이다. 희서 엄마의 또 다른 수확이 하나 더 있다. 한글과 영어 이야기를 소리 내 읽어주고 노래들을 불러주며 자연스럽게 엄마와 딸 사이의 감정적 애착도 강해졌다는 것이다.

> **애착(attachment)**
> 사랑하는 대상과 관계를 계속 유지하려는 행동. 아기는 생후 6개월 무렵부터 특정 인물에게 애착을 가지며 이때의 결과가 정서 안정과 성격 형성에 영향을 준다.

## 한눈에 영어 읽기

"희서는 상당히 많은 '사이트워드'를 보유하고 있어서 영어도 우리 글처럼 빠르게 읽을 수 있어요."

'사이트워드(sight words)'란 자동적으로 알아볼 수 있는 단어를 말한다. 예를 들어 익숙하지 않을 때에는 단어 'good'을 알파벳 'g'·'o'·'o'·'d'로 하나하나 분리해 읽은 다음 각 글자들을 합쳐서 단어 'good'임을 깨닫는다. 그렇지만 자주 같은 단어들을 보면 두뇌에 자동으로 단어들을 인식할 수 있는 회로가 형성되어 글자 단위가 아니라 단어 전체를 한눈에 0.3초 정도면 척척 읽고 이해까지 할 수 있게 된다. 만일 "Good morning, Jason"이라는 문장을 보고 곧바로 이해할 수 있다면 두뇌에 'Good (morning)'이 사이트워드로 새겨져 있는 것이다. 'o'

가 두 번 나오지 않고 'oc'라고 되어 있어도 이해했다는 것은 글자 단위가 아니라 단어(good)나 구(good morning) 단위를 한 덩어리로 입력 받을 수 있다는 뜻이다.

이러한 사이트워드의 수가 늘어나면 문장을 읽는 데 들이는 두뇌 에너지가 극적으로 줄어들게 되고 편안하게 텍스트 속에서 정보를 얻을 수 있다. 만일 10초에 한 단어씩 읽을 수 있는 수준이면 어떻게 책을 읽을 수 있을까? 적어도 분당 50~60단어 정도는 읽을 수 있어야 포기하지 않고 독서할 수 있다. 한 연구 결과에 따르면 숙련된 아이는 최대 분당 500단어 정도까지 읽을 수 있다. 이런 아이는 텍스트를 의식하지 않고 의미와 내용에 집중할 수 있는 여유를 얻을 수 있을 것이다.

"희서는 영어를 읽을 때 '디코딩'을 하지 않아요."

이건 또 무슨 뜻일까? '디코딩(decoding)'이란 자음과 모음 등의 언어 기호를 보고 귀나 눈으로 해독해 발음하는 과정을 뜻한다. 아이가 처음 언어를 익힐 때는 소리에 관한 디코딩 작업에 많은 시간을 들이며 그 다음에야 의미와 연결시켜 이해하게 된다. 가령 'good'이라는 단어를 보면 'gud'이라고 발음해본 뒤 '좋은'이나 '잘'이라는 의미를 연결시키지만, 익숙해지면 'good'을 보자마자 단번에 의미를 직접 이해할 수 있게 되는 것이다. 만일 '\*&#+@'라는 가상의 단어를 난생 처음 봤다면 아이의 두뇌는 일단 어떻게든 소리 내 읽어보려고 한다. 이러한 시도를 정확하게 말하면 '음운 디코딩(phonological decoding)'이라고 한다. 만일 '*&#+@'을 '별사탕'이라고 읽고 건빵에 들어 있는 설탕 과자임을 알게 된 뒤 자주 '*&#+@'에 접할 기회를 갖게 되면 나중에는 그 단어를 보자마자 즉각 그 뜻에 접근해 이해할 수 있다. 발음하는 법, 즉 음운 디코딩을 못하면 그 뜻에 쉽사리 접근하지 못하며 혹시 기호나 상징으로서 해당 의미를 알더라도 언어적 풍부함에 비하지 못할 정도로 제한적인 쓰임에 머무를 뿐이다. 소리 내서 읽을 수는 없어도 각각 의미를 담고 있는 교통 표지판들이 좋은 예다. 교통 표지판은 그 자체로 의미를 전달하는 데는 문제가 없지만 언어에 비하면 매우 제한적일 수밖에 없다.

희서 엄마의 말을 좀 더 정확하게 바꿔보면 "희서는 영어를 소리로 디코딩한 뒤 의미와 연결시켜 이해하는 게 아니라, 영어 단어들

: 사이트워드와 음운 디코딩

| | 정의 | 습득 효과 |
|---|---|---|
| 사이트워드<br>(sight words) | 자동적으로 한눈에 빠르게 이해할 수 있는 단어. | 단어나 구(phrase)를 단번에 입력해 이해하므로 두뇌 에너지를 절약. 텍스트 속의 정보를 힘들이지 않고 수집할 수 있다. |
| 음운 디코딩<br>(phonological decoding) | 자음과 모음 등의 언어 기호를 귀로 듣거나 눈으로 보고 해독해 발음하는 과정. | 음운 디코딩이 자동화되면 의미와 직접 연결하는 의미회로가 발달해 읽는 시간을 절약할 수 있다. |

을 보자마자 자동적으로 즉각 이해할 수 있다"가 된다. 희서처럼 유창하게 글을 읽을 수 있게 되면 아주 유용한 선물이 생기는데 그것은 바로 '시간'이다. 입력받아 즉시 이해할 수 있는 단어들이 늘어나 자동적으로 음운 디코딩 작업을 하게 되어 유창성이 충분히 확보되면 0.1초라도 더 빠르게 읽게 되어도 그 짧은 시간 여유를 이용해서 생각하고 추론하고 감정이나 경험적 지식까지도 통합할 수 있게 된다. 이렇게 수많은 정보를 처리할 수 있는 시간 여유를 가지고 책을 읽으면 창의적인 아이디어를 덧붙이고 읽은 정보를 응용까지 하는 능동적 독서가 가능해진다. 독서 행위에서 '사이트워드'나 '디코딩 자동화'는 엄청난 의미를 갖는다. 바꿔 말하면 아이가 즐거운 독서가로 나아갈 준비를 갖추게 됐다는 뜻이다.

## 영어와 국어 둘 다 잘하는 비결

희서 엄마는 그림책을 거의 못 보고 자랐기 때문에 어릴 때 친구 집에서 접했던 공주 그림책에 매료되어 밤낮 친구를 찾아가서 그림책을 읽었다고 했다. 그 황홀했던 기억 때문인지 영어 스토리텔러를 직업으로 갖게 됐다는 그녀가 아이를 우리말과 영어를 다 잘하는 아이로 키운 비결을 정리해보자.

첫째, 뱃속의 아기에게 이야기와 노래를 해줬다. 아이가 뱃속에 있을 때부터 영어와 우리말로 이야기책을 소리 내 읽어주고 노래해 줬다. 희서는 엄마 뱃속에서 귀로 소리를 들을 수 있게 되자마자 영어 소리에 지속적으로 노출됐으므로 영어 소리가 전혀 낯설지 않았다. 밤중에 갑자기 낯선 소리가 들리면 누구든 무서움을 느끼고 긴장하는 것처럼, 세상에 태어난 아이도 새로운 언어를 들으면 일단 거부 반응을 보이기 마련이다. 꾸준히 영어의 톤과 발음에 노출된 아이는 영어를 들으면서 편안하게 느끼고 이 편안함이 영어에 대한 거부감을 줄여준다.

둘째, 엄마가 영어나 우리말을 가리지 않고 사용했다. 영어 원어민 교사에게 '국내 학생들에게 영어 가르치는 법'을 가르칠 정도의 전문가인 만큼, 이중 언어 환경을 자연스럽게 조성해줄 수 있었다. 우리말 외에 다른 언어 모두 쓸모가 있다는 것을 생활 속에서 익히 알고 있는 아이는 우리말과 외국어를 차별하지 않는다.

셋째, 영어를 절대 강요하지 않았다. 아이가 자라면서 외국어에 대한 거부감을 표시했을 때 인형을 이용해서 자연스럽고 객관적인 조언을 베풀어 주는 등 현명하게 대처했다. 영어가 억지로 공부해야 하는 골치 아픈 녀석이라는 인상을 심어주지 않았다. 만일 '영어는 부모님 때문에 억지로 해치워야 한다'는 인식이 아이에게 생겨 조건화되면 아이의 영어두뇌 만들어 주기는 실패를 향해 가고 있다고 봐야 한다.

 하지만 대다수의 엄마 아빠들은 영어 전문가가 아니므로 희서 엄마처럼 할 수 있는 이들은 그리 많지 않다. 그럼 이제 대개의 부모들이 대부분 겪고 있는 문제로 넘어가보자.

# 영어가 두려운 이유

　사람이 불안하거나 불편한 감정에 휩싸이면 몸은 어떻게 반응할까? 어른이라면 두렵거나 불안해 감정적으로 긴장 상태일 경우 손바닥에 땀이 난다. 땀은 전해질이고 전해질은 전기를 잘 전달하므로, 손바닥의 두 지점에 전기감지기를 부착해서 미세한 전기 흐름의 차이를 그래프로 나타내면 얼마나 긴장하고 있는지를 알 수 있다. 거짓말탐지기도 이런 현상을 이용한다. 뇌 속의 감정계가 손상되지 않은 사람이 거짓말을 하면 감정적으로 긴장하고, 긴장하면 손에 땀이 나는 반응이 나타나며, 이때의 전기 흐름을 포착하면 본인이 의식하든 의식하지 못하든 신체적인 불안 정도를 거의 정확하게 알아낼 수 있다.

그렇다면 세상에 막 태어난 아기는 불편함을 느낄 때 어떤 반응을 보일까? 아기들은 불안하거나 흥분하면 젖을 빤다. 따뜻하고 어두운 엄마의 뱃속에서 편안하게 살던 아기는 어느 날 갑자기 춥고 밝은 바깥세상에 불쑥 내동댕이쳐진다. 무서움에 질린 아기는 울음을 터뜨린다. 엄마가 아기를 안고 소리 내 어르며 젖을 물리는 것만으로도 아기는 다시금 편안함을 느끼고 울음을 멈춘다. 이렇게 아기가 젖을 빠는 행위는 두려움과 불편함을 이겨내고 새로운 것에 대해 안전하게 다가갈 수 있도록 도와준다. 젖을 빠는 것은 거의 반사 반응에 가까우며 어떤 아이는 꽤 나이가 든 뒤에도 손가락을 빨면서 불안감을 해소하기도 한다.

## 누구나 모국어는 단 하나

이러한 사소해 보이는 현상을 이용해서 세상에 태어난 지 불과 이틀 정도밖에 되지 않아 고개도 돌릴 수 없는 신생아들이 새로운 언어, 즉 외국어를 들었을 때 감정적으로 어떤 반응을 보이는지를 측정한 놀라운 실험이 있었다. 대상은 미국 아기 40명과 스웨덴 아기 40명이었다.

문(Moon)의 연구팀은 그림과 같이 신생아들의 입에 엄마 젖과 비슷

: 문(Moon)의 신생아들의 모음 듣기 실험 장치

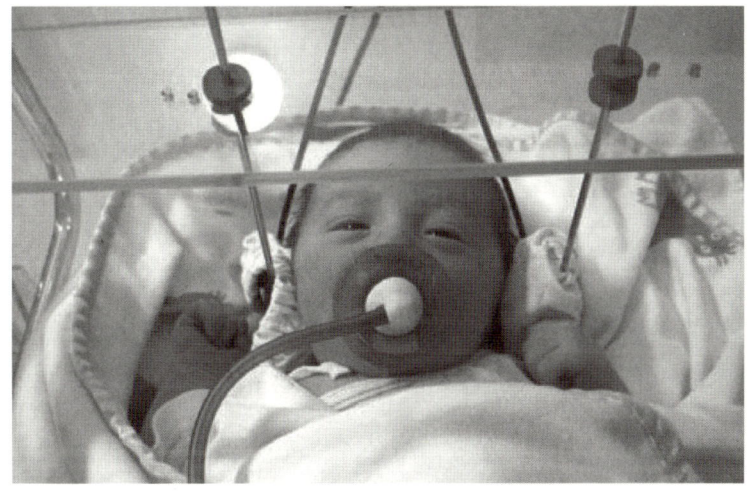

한 장치를 켜서 아기가 젖을 얼마나 자주 빠는지 측정했다. 자기 모국어 모음을 들려줬을 때보다 스웨덴어의 모음을 들려준 미국 아기들과 영어 모음을 들려준 스웨덴 아기들의 경우 더 자주 젖을 빠는 것이 관찰됐다. 이러한 반응은 외국어의 모음 소리를 들었을 때 아기는 불안감을 느끼는 동시에 새로운 것에 대한 신기함을 느낀다는 의미다. 실험 대상 아기들 80명은 생후 불과 7시간에서 75시간 밖에 지나지 않은 상태였다.

갓 태어난 아기들이 평균 33시간이라는 짧은 기간에 모국어의 모음을 배우는 것은 거의 불가능하다. 그러므로 엄마의 뱃속에 있을 적부터 이 아기들은 이미 엄마와 주변 사람들이 사용하는 언어의 소리에 친숙하게 된 것으로 해석할 수밖에 없다. 사실 임신 후 30주 정도 지난 태아는 귀로 소리를 들을 수 있다. 엄마 뱃속에 있는 마지막 두 달 동안 아기는 특히 엄마의 목소리와 언어(주로 모음)에 익숙해진다. 새로운 언어에 접한 아기들은 누구나 예외 없이 자연스러운 불안과 모험심을 느끼게 되는 것이다.

이 실험으로부터 얻을 수 있는 결론은 외국어를 처음부터 쉽고 편안하게 여기는 아이는 없다는 사실이다. 아무리 외국어에 능통한 사람도 모국어는 반드시 단 한 개라고 한다. 엄마의 뱃속에 있을 적부터 익숙해진 모국어가 아닌 다른 나라 말은 그 유창성과 무관하게 모국어보다 결코 더 편할 수 없다.

## 언어의 주파수를 맞춰라

언어마다 다른 소리 특색에 관한 흥미로운 사실이 있다. 모든 언어는 고유의 모음과 자음 소리를 갖고 있을뿐더러 높낮이 자체도 다르다. 소리의 높낮이는 그 소리의 진동수, 즉 주파수로 나타낼 수 있는데, 마치 라디오 방송 채널마다 고유 주파수대가 다른 것처럼 언어도 각자 특유의 주파수 대역을 갖고 있다. 프랑스의 이비인후과 의

: 토마티스 박사의 소개에 근거한 언어별 주파수

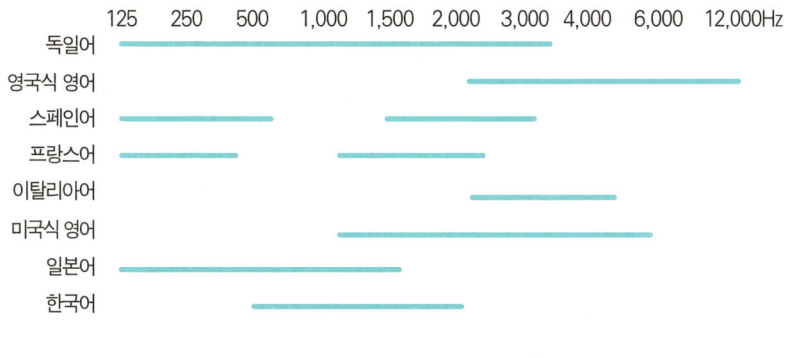

　사이자 의학자인 알프레드 토마티스(Alfred Tomatis) 박사는 언어별 주파수 대역을 소개했다. 숫자가 낮아질수록 저음역이고 숫자가 높아질수록 고음역 쪽이다.

　영국식 영어의 주파수 대역은 2,000~12,000Hz이고 미국식 영어는 더 낮은 대역을 차지하고 있으므로 미국식 영어에 비해 영국식 영어는 높은 음을 더 많이 쓴다. 특히 100~1,500Hz대를 차지하는 일본어의 경우 영국식이든 미국식이든 영어의 주파수 대역과 상당히 동떨어져 있는 주파수대를 주로 사용하는데, 실제 일본인들의 영어 성취도는 그리 높지 않다. 우리나라 말의 경우 대략 500~2,000Hz대역을 사용하여 일본인들보다는 상황이 좀 낫지만 그래도 영어에서 주로 사용되는 주파수 대역과 본질적인 차이를 갖고 있다. 많은 뇌과학자들이 "적어도 어린 시절에는 뇌가 언어를 특별한 형태의 음악으로 받아들인다"라고 주장하는 것처럼 아이들의 귀에 들리는 외국어 소리는 분명 생소한 음악과도 같을 것이다. 인간은 본능적으로 낯선 것에 대해서는 경계심을 품기 마련이므로 외국어는 아이의 귀에 유쾌한 음악으로서가 아니라 '위험한 소음'으로 다가갈 가능성이 매우 높다.

이렇게 특정 언어는 특유의 높낮이대를 차지하므로 모국어를 막 배우는 아기는 그 높낮이대의 소리가 귀에 들리면 자기가 아는 언어일 가능성이 높다는 것을 경험적으로 알게 된다. 빠른 속도로 쏟아져 나오는 음성 신호들 중에서 단어나 구를 뽑아내어 '두뇌 속 어휘 창고'에 차곡차곡 쌓는 작업을 하는 것이다. 하지만 귀에 들려오는 소리의 높이가 친숙한 언어와 많이 다르면 무의미한 소리와 함께 파묻히게 된다. 낯선 소리 속에서는 소리가 쉴 새 없이 밀려오더라도 유의미한 정보를 뽑아내고자 하는 욕구가 쉽사리 발동할 수 없다. 무의미한 소리의 연속 한 가운데 내동댕이쳐지는 것처럼 무서운 경험이 또 있을까? 공포 영화의 배경에 깔리는 낯선 음악소리가 얼마나 극적으로 불안감을 끌어올리는지 연상해보면 이해하기 쉬울 것이다.

**두뇌 속 어휘 창고 (lexicon)**
언어 습득 및 외국어 학습을 이론적으로 설명하기 위해 도입한 가상의 단어 창고. 실제로는 두뇌의 특정 장소에만 단어들이 차곡차곡 저장되지는 않는다.

## 외국어는 불편해

아이가 다른 건 잘하는데 영어만 못한다고 이상하게 생각할 필요는 없다. 영어를 싫어한다고 해서 전혀 이상한 게 아니다. 첫째 아이가 아빠의 영어 소리를 듣고 강렬한 거부반응을 보인 반면 둘째는 영어에 대한 거부감을 별로 보이지 않았다. 엄마 뱃속에 있을 때부터 형 덕분에 부모가 소리 내 읽어주거나 CD·DVD 등으로 들려주는 영어에 자주 노출됐기 때문이다. 형과 달리 동생은 우리말과 다른 영어의 높낮이에 일찍부터 익숙해졌고 오히려 영어책을 더 읽어달라고 요구하기도 했다. 우리말과 글 실력이 좋아야만 영어도 계속 잘할 수 있다는 사실을 알고 있는 부모로서 오히려 한글로 된 책을 더 읽어주려고 노력했다. 희서나 둘째 아이의 예에서 볼 수 있듯이 가능하면 어린 시절부터 영어의 높낮이 즉 음조에 친숙해지도록 하는 것이 외국어를 습득하는 데 매우 효과적이다. 이렇게 소리의 높낮이는 자음이나 모음처럼 나눠서 글로 표현할 수 없는 언어적 특성이지만 외국어를 배우는 데 있어서 일차적인 역할을 한다. 그렇다면 자음과 모음으로 나눌 수 있는 즉, 분절(分節)할 수 있는 언어적 측면은 어떨까?

미국 워싱턴대학교에서 아동 언어 습득에 대해 연구하고 있는 패트리샤 쿨(Patricia Kuhl) 박사에 따르면 아기의 생후 6개월을 기점으로 언어의 자음과 모음 소리를 받아들이는 방식이 거의 확정된다. 세상에 존재하는 언어에서 자음은 약 600여개, 모음은 약 200여개에 달하지만 개별 언어는 평균적으로 40개의 음소만 사용한다. '음소(phoneme)'란 단어의 뜻을 달라지게 하는 소리의 최소 단위로서 예를 들면 'cat'과 'bat'처럼 첫 자음 소리 한 개에 해당하는 음소가 다르면 완전히 다른 단어가 된다. 우리말의 경우도 마찬가지여서 '날'·'달'·'말'·'발'·'살'·'알'·'칼'·'탈'은 모두 첫 음소만 다를 뿐이지만 뜻은 완전히 다르다. 아기는 세상에 태어난 뒤 6개월 정도가 지나면 자기 모국어의 음소를 상당 부분 습득하고 1년 정도만 되어도 그 언어의 음소로 된 단어들에 집중해 한두 단어를 직접 발음할 수 있다. 다시 말해 생후 6개월까지는 세계에 존재하는 어떤 언어의 음소든지 쉽게 익힐 수 있지만 불과 1년 만에 모국어 음소를 거의 완벽하게 익히고 나면 다른 언어의 음소에 대한 습득 능력이 빠른 속도로 줄어든다. 이 단계를 넘어서면 엄마의 언어가 아닌 외국어에 대해 일단 불편함과 불안감을 느끼게 된다.

질병을 뜻하는 영어 단어 'disease'는 'dis(아니다)'와 'ease(쉬움, 편안함)'가 합쳐져서 만들어졌다. 병이란 '편하지 않은 것'이다. 아기에게 외국어란 어찌 보면 몸을 불편하게 하는 병을 일으키는 독이 될 수 있다. 아이가 아주 어릴 때는 감정적인 수준에서, 말에 대한 관념이 꽤 형성된 만 2~3세경이 지나면 아이는 이성적으로도 외국어에 대한 불편함을 가질 수 있다. 영어두뇌를 만들어주기 위한 적절한 시점은 엄마의 뱃속부터라고 했지만 모든 아기에게 해당하는 것은 아니다. 아이가 벌써 몇 살이 지났더라도 혹은 영어를 못하더라도 각자에게 알맞은 방법은 있다.

# 영어를 뒤에서 잡아주기

　　서울대학교 경제학과에 입학한 준영이는 대학수학능력시험에서 과목 당 오답이 1개씩만 있을 정도로 공부를 잘한 수재다. 중학교 때 채 1년도 되지 않은 기간 동안 미국에서 보냈는데, 그때 영어를 발군의 실력으로 끌어올렸다. 고등학교 시절 봤던 TEPS 성적이 900점에 가까울 정도였다.

　　준영이 동생 윤영이도 영어 실력이 대단하다. 초등학교 3~4학년 때부터 대학교 영문학과 학생에 맞먹는 독해력을 갖추고 있었다. 아직 중학생인 윤영이는 만 3세 때부터 피아노와 영어를 익히기 시작했는데 얼마 전 본 iBT 토플 성적이 거의 만점에 가까운 110점대다.

## 영어 실력을 높이는 사회성

준영이는 공부만 잘하는 게 아니라 사회의 다양한 사람들을 만나보고 싶다는 기특한 생각을 하고 있다. '사회의 양극화 해소에 보탬이 되는 경제학자'가 되고자 경제학 분야로 진로를 결정했다. 논리적인 비약을 극도로 싫어해 1개의 문장을 놓고 1시간 넘게 논쟁을 벌일 정도로 이성적이고 논리적인 성향을 가졌다. 또한 축구·농구·태권도·스키·수영 모두 선수급인 만능 스포츠맨이기도 하다. 수시 응시에서 지원한 6개 대학에 모두 합격한 실력파지만 우직하고 성실해 '느리다'는 평을 많이 들었다. 무엇이든 찬찬히 느리게 배우고 익히는 성격이라서 메모하는 습관이 몸에 배어 있고, 항상 계획을 세워 생활하며 체크리스트를 만들어 3년 동안 잘한 일 못한 일을 스스로 평가했다. 반기문 UN 사무총장과 같은 6월 13일이 생일이라서 자신도 반기문 사무총장 같은 명예로운 인생을 살아가겠다고 자기충족적 예언을 스스로에게 불어넣곤 한다. 준영이가 초등학교 6학년이던 시절 담임선생님은 "자의식이 강하나 축구할 때 공을 양보하는 모습에서 사교성이 엿보인다. 강한 성격인 듯 보이지만 친화력이 좋다"고 평가했다.

박사과정을 위해 미국에 갔던 아버지를 따라 중학교 2학년 동안 미국 공립 중학교에 다닌 준영이는 탁월한 운동 능력과 사교 능력을 마음껏 발휘했고 영어 실력을 다졌다. 중학교 축구팀 주장도 맡고 랩과 브레이크댄스도 잘해서 친구도 많이 사귀었다. 그야말로 미국 사회에 완벽하게 적응했다. 1년 남짓의 짧은 기간 동안 영어 듣기와 말하기 능력이 비약적으로 향상했는데 그 비결 역시 폭넓은 대인관계에 있었다.

## 이유는 몰라도 답은 안다

윤영이는 초등학교 3~4학년 시절에 《해리포터(Harry Potter)》 및 《트와일라이트(Twilight)》 시리즈를 원서로 탐독했고, 댄 브라운(Dan Brown)의 《다빈치코드(Davinci Code)》와 존 스타인벡(John Steinbeck)의 소설 그리고 셰익스피어의 작품들을 섭렵할 정도로 발군의 영어 실력을 갖고 있었다. 셰익스피어의 작품을 영어로 읽고 난 뒤 "엄마, 셰익스피어 작품은 거의 막장 드라마던데!"라는 감상평을 엄마에게 풀어놓기도 했다.

수학과 과학 과목에서도 탁월한 실력을 갖추고 있는 윤영이의 장래 희망은 심리학자다. 전체를 한눈에 바라보는 직관력과 통찰력이 뛰어나니 현재로서는 적합한 꿈을 갖고 있는 셈이다. 전 가족이 미국에 체류하던 시절 윤영이가 얻은 취미는 미국 드라마 감상이다.

귀국 후에도 컴퓨터나 스마트폰을 이용해 자기 전에 한 편씩 시청한다. 윤영이 아버지는 영어 문법서를 이용해 영어를 교육해본 적이 있었는데 "더 이상 가르칠 게 없다"고 했다. 영어를 언어로서 제대로 습득한 아이들은 딱히 이유를 설명하지는 못해도 무엇이 맞고 그른지를 직관적으로 알아볼 수 있는데 윤영이의 경우가 그랬다. 윤영이도 공부만 잘하는 게 아니라 "친구들이 가장 친하게 지내고 싶어 하는 아이" 투표에서 선발될 정도로 교우관계가 좋다.

준영이 엄마는 아이들이 나이가 든 뒤에도 영어 소설 도입 부분 정도까지는 함께 소리 내 읽어줬다. 소설의 스토리에 빠져들 정도까지만 이끌어주면 그 뒤는 알아서 찾아 읽기 때문이다.

## 영어 잘하는 아이의 5가지 특성

두 아이들 모두 탁월한 학습 능력과 사회성을 가질 수 있었던 비결은 무엇일까? 부모가 모두 대학에서 학생을 가르치고 있었지만 그것이 전부는 아닌 것 같다. 많은 시간 동안 이들 부부와 아이들을 살펴보고 나서 몇 가지 특성을 찾을 수 있었다.

1. 자신감

2. 학습 태도: 꾸준하게 천천히

3. 대인관계 지능: 사회성

4. 아버지의 교육 참여

5. 반복 학습과 소리 내 책 읽어주기

첫째, 준영이와 윤영이 부모는 '자전거 교육'을 실천하고자 항상 노력했다. 아이가 자전거 타는 법을 처음 배울 때는 부모가 앞에서 끌면서 가르쳐줄 수 없다. 자전거를 뒤에서 잡아줘야 한다. 자녀교육은 부모가 전면에 나서 모든 것을 결정하기보다 뒤에서 보살펴줘야 한다. 아이가 나아갈 길을 주도적으로 정하도록 하되 처음 단계에는 방향을 정해주는 것이 필요하다. 경험이 부족한 아이는 무엇이 중요한지 잘 모를 수 있기 때문이다. 중학교 시절 준영이는 상위 20% 내에 들 정도였고 스스로를 그저 평범하다고 여기고 있었다. 엄마는 틈날 때마다 "너는 특별해," "넌 할 수 있을 거야"라는 메시지를 전해줬다. "엄마는 도대체 왜 날 믿어?"라는 물음에 이렇게 대답했다고 한다.

"그냥 믿는 게 있어."

준영이와 윤영이의 자신감을 꺾지 않도록 한 또 다른 배려 중 하나는 부모가 아이들을 절대로 압도하지 않았다는 것이다. 아는 것도 모르는 척해서 아이가 스스로 최선의 방법을 찾아내도록 유도했다. 그것이 좀 심했는지 준영이가 대학교 교수인 엄마한테 "엄마는 왜 그렇게 무식해?"라고 한 적도 있었다고 한다. 아이가 부모의 능력이나 권위에 압도당하지 않고 편안하게 부모에게 다가설 수 있으면 특별한 문제가 생길 가능성이 매우 낮다. 혹여 문제가 발생하더라도 어렵지 않게 해결할 수 있다.

둘째, 준영이의 부모는 올바른 학습 태도를 길러주기 위해 남다른 노력을 기울였다. 중학교에 다니던 준영이가 "과학이 너무 어려워요"라고 하자 "딱 3일만 과학을 공부해보자"고 제안했다. 어릴 때부터 아이들의 방에는 칠판이 설치되어 있었는데, 주된 용도는 아이들이 배우고 익힌 내용을 부모들 앞에서 칠판에 써가며 직접 발표해보도록 하는 것이었다. 과학 과목도 마찬가지로 직접 칠판을 이용해 설명하면서 스스로 원리를 터득하도록 했더니 3일이 지난 뒤 "이제 과학이 너무 재미있어!"라는 말이 돌아왔다. 또한 공부란 쉬운 게 아님을 자주 일깨워줬다.

"공부란 원래 힘든 거야. 뼈를 깎는 것 같기도 해. 하지만 너는 할 수 있을 거야."

이 말을 할 당시 준영이의 엄마는 당시 잘나가던 대기업을 그만두고 대학원에 다니며 밤새워 연구를 하고 있었다. 이렇게 반복적으로 연구하는 모습을 늘 생활 속에서 보여준 결과 준영이는 반복을 지겨

워하지 않게 됐다.

셋째, 다른 사람과 함께 애정을 갖고 살아가도록 관계의 중요성을 일깨웠다. 준영이의 부모는 공부만 시킨 게 아니라 커피숍에서 아르바이트도 해보도록 하고 세상에 대한 경험을 쌓아 남들과 함께 살아가는 법을 가르치고자 애썼다. 그 덕분인지 미국에 불과 1년 정도 살아본 게 전부지만 준영이는 미국 문화를 빠르게 습득해 흑인과 백인을 가리지 않고 또래 친구를 많이 사귀었다. 많은 미국인들과 교류하다 보니 듣기와 말하기 능력이 무척 빠른 속도로 발전했다. 한국에 돌아와 고등학교에 다니면서도 뛰어난 사회적 지능을 발휘해서 누구와도 잘 지낼 수 있었다. 언어는 기본적으로 남과 의사소통하기 위한 수단이므로 대인관계가 좋으면 그만큼 언어 발달도 일취월장할 수 있다.

넷째, 아버지도 자녀교육에 적극적으로 참여했다. 엄마와 아빠가 함께 각자의 역할을 맡아야 한다고 생각했다. 엄마는 우호적이고 관용적으로 아이들을 대하고 아빠는 원칙과 규율을 중시했지만 사소한 문제도 항상 함께 상의해 결정했다. 부모가 일관성을 가지고 아이들을 대하니 아이들도 상황별로 도움을 요청할 대상을 구분했다. 엄마뿐 아니라 아빠도 직접 교육에 많이 참여했다. 엄마가 영어와 문학을 많이 가르쳤다면 아빠는 수학과 과학, 그리고 생활 속의 기술을 주로 가르쳤다. 남성성과 여성성을 조화롭게 키워주려면 아무리

바빠도 엄마와 아빠가 함께 아이들 교육에 참여해야 한다고 준영이 엄마는 거듭 강조했다.

다섯째, 준영 엄마는 아무리 몸이 힘들고 피곤해도 아이들에게 반복해서 소리 내 한글 및 영어책 읽어주기를 게을리하지 않았다. 직장을 그만둔 뒤 당시 만 다섯 살이던 준영이와 만 세 살이던 윤영이의 육아를 전담하면서 집안일에 대학원 수업까지 받아야 했던 준영 엄마는 '내가 24시간 공부할 수는 없으니 집안일과 아이들 교육하는 시간은 휴식인 거야'라고 스스로를 위로했다. 동생 윤영이는 그때부터 영어와 우리말을 구별하지 않고 책을 읽어줬다. 분석적인 성격답게 영어로 책을 읽어주면 한글과 연결해서 이해하려고 끊임없이 시도하는 준영이에게는 차근차근 설명해가면서 영어책을 읽어줬다. 아무리 피곤해도 아이들을 무릎에 앉혀놓고 때로는 새벽까지 아이가 원하는 대로 수십 번씩 같은 책을 읽어준 적도 많았다.

그렇게 2년 정도 세월이 흐르자 준영이는 혼자서도 짧은 영어 챕터북을 즐겨 읽는 수준이 됐다. 앞서 말했듯이 윤영이는 웬만한 영문학 전공자 수준에 맞먹는 독해력을 초등학교 3~4학년 때부터 갖췄고 중학교 저학년 때 치른 iBT 토플에서 거의 만점을 받았다. 준영 엄마는 영어에 대해 이렇게 말한다.

"영어는 정서 및 사고력 발달, 비판적 사고 배양을 위해 아주 좋은 도구라고 생각합니다. 보통 정도의 지적 수준에 동기유발만 적절하다면 누구나 영어를 잘할 수 있을 거예요. 특히 다양한 사람들과 잘 지내는 능력이 외국어 학습에 무척 중요합니다. 읽은 책을 또 읽어 달라고 밤새 보채는 아이가 때로는 원망스럽기도 했지만, 소리 내 영어책을 계속해서 읽어준 것이 아이들이 영어를 잘할 수 있게 한 원동력이었던 것 같아요."

준영이와 윤영이를 기른 엄마의 설명을 들어보면 영어두뇌를 만들어주는 방법이 말처럼 그렇게 단순하지는 않음을 알 수 있다. 자신감을 비롯한 감성적인 측면을 절대로 소홀히 하지 말아야 하고 이성적으로도 정교하게 아이를 이끌어줘야 한다. '자전거 교육'이라고 했듯이 아이를 앞에서 가로막지 않고 뒤에서 알게 모르게 지지해줘야 한다.

English Brain

# 나이대별 말하기 및 읽기 능력 발달표

## 말하기 및 읽기 능력 발달표

| 연령 | 말하기 기술 | 읽기 기술 |
|---|---|---|
| 0-1세 | • 뜻이 있는 단어 한두 개를 사용함<br>• 말이나 몸짓과 함께 간단한 것을 지시하면 이해함<br>• 말의 존재를 앎 | • 책을 입으로 빨다가 책장을 넘기기도 함<br>• 책의 목적을 이해하기 시작함 |
| 1-3세 | • 주변에 있는 사물 몇 개의 이름을 말함<br>• 명사와 동사를 조합해 짧은 문장을 만듦<br>• 150~300개의 어휘력<br>• 일부 대명사를 올바로 사용함<br>• 단순한 질문 대부분을 이해함<br>• 900~1,000개의 어휘력<br>• 세 단어로 된 문장을 사용함<br>• 리듬과 말장난을 즐김 | • 책을 읽어달라고 함<br>• 글자와 그림은 다르며 각각 이름이 있음을 앎<br>• 책을 읽는 시늉을 함<br>• 책 속의 사물 이름을 말함<br>• 등장인물에 대해 말함<br>• 책 속의 그림이 실제 사물을 그린 것임을 깨달음 |

| | | |
|---|---|---|
| 3-4세 | • 한두 가지 색깔을 앎<br>• 네 음절로 된 단어를 따라할 수 있음<br>• 자음 p, b, m, w, n과 대부분의 모음 및 이중모음을 사용함<br>• 구별이 쉽고 반복되는 소리에 주의를 기울임(예, Peter Peter Pumpkin Eater) | • 그림이 아니라 활자를 읽어준다는 것을 앎<br>• 주변 환경과 관련된 단어를 인식함<br>• 이야기의 문자적 의미를 이해함을 표시<br>• 특히 자기 이름 속에 있는 글자를 포함해 10개의 글자를 식별함 |
| 4-6세 | • 많이 쓰이는 반대말을 앎<br>• 10까지 셀 수 있음<br>• 자음 h, k, g, t, d, n, ng, y에 이어 f, v, sh, zh, l, th("thin")에 숙달함<br>• 세 개의 연속된 지시를 따를 수도 있음<br>• 상당히 긴 문장 및 합성어, 복합어 일부를 사용함<br>• 알아들을 수 있게 말함<br>• 언어의 사회적 규약을 이해함<br>• 그림을 이야기로 말할 수 있음<br>• 사물과 사건 사이의 관계를 이해함<br>• 동일한 소리를 공유하는 단어(dak, pat 등)를 식별함<br>• 분절음을 단어에 합칠 수 있음<br>• 주어진 단어와 운이 맞는 단어를 떠올릴 수 있음<br>• 10,000개의 어휘력 | • 유창하지는 않아도 익숙한 글을 읽는 시늉을 함<br>• 대문자와 소문자 전부를 알아보고 이름을 말할 수 있음<br>• 문자 연속이 소리 연속을 나타낸다는 자모 법칙을 이해함<br>• 글자-소리 대응 대부분을 인식함<br>• 자주 쓰이는 쉬운 단어는 즉시 인식할 수 있음<br>• 짧은 문장이 잘못되어 있으면 알아 냄<br>• 소리내어 읽어준 이야기에 대한 질문에 대답함<br>• 삽화를 보거나 이야기의 일부만 듣고 앞으로의 전개를 예측할 수 있음 |
| 6-7세 | • 자음 sz, r, ch, wh, th("then"), g("George")에 숙달함<br>• 반대 개념을 유추할 수 있음(단맛 대신맛)<br>• 단어 속의 음절 개수를 헤아릴 수 있음<br>• 1음절어 대부분의 음소를 합하거나 나눌 수 있음 | • 이제부터 적합한 수준의 소설이나 비소설을 읽고 이해할 수 있음<br>• 읽는 시늉만 내던 단계에서 실제 읽는 단계로 접어듦<br>• 모르는 단어를 소리내어 읽기 위해 글자-소리 대응을 활용함<br>• 읽다가 틀린 부분을 문맥이나 글자 단서를 이용해 스스로 수정함<br>• 단순한 문장이 온전하며 말이 되는지 구별할 수 있음<br>• 글에 대한 질문을 읽고 답할 수 있음<br>• 이야기의 전개가 어떻게 될지 예측하고 근거를 댈 수 있음 |

| 연령 | | |
|---|---|---|
| 7-8세 | • 혼문(complex)이나 중문(compound)을 사용함<br>• 복잡한 지시를 이행할 수 있음<br>• 모든 말소리에 숙달됨<br>• 성인 수준으로 대화함<br>• 보다 격식 있는 언어를 사용하기 시작함<br>• 구어와 문어의 차이에 민감하게 반응함<br>• 최소 25,000개의 어휘력 | • 어렵지 않게 읽음<br>• 규칙적인 철자로 된 다음절어와 의미 없는 단어를 해독함<br>• 글자-소리 대응에 기초해 미지의 단어를 소리내어 읽음<br>• 불규칙적인 철자로 된 단어 다수와 이중모음(say), 특수 모음 철자(pour), 일반적인 어미(-ing)로 된 철자 패턴을 읽음<br>• 의미가 분명하지 않을 때 문장을 다시 읽음<br>• 특정 질문에 답하기 위해 이야기책이 아닌 것도 읽음<br>• 도해, 도표, 그래프에서 정보를 추출함<br>• 어떻게, 왜, 만일이 사용된 질문에 대한 답을 낼 수 있음 |
| 8-9세 | • 가설과 의견의 진위를 조사하기 위해 정보를 검색하고 추론함<br>• 어근, 접두사, 접미사로부터 단어의 뜻을 유추함 | • 글자-소리 대응관계를 사용하며 단어를 해독하기 위해 구조적 분석을 시행함<br>• 더 긴 분량의 소설을 읽고 장으로 구분된 책을 혼자서 읽을 수 있음<br>• 이해하기 어려운 특정 단어와 구를 식별할 수 있음<br>• 소설 이면에 담긴 주제나 메시지에 대해 논의함<br>• 비소설 속의 인과관계, 사실과 의견, 요지와 세부 정보를 구별함<br>• 알고 있는 어근, 접두사, 접미사를 이용해 단어의 뜻을 유추함 |
| 9-14세 | • 자기 관점을 대변하는 정보를 취사선택할 수 있음<br>• 간단한 기술적 정보를 이해함<br>• 최소 40,000개의 어휘력 | • 학습을 위해 독서함<br>• 활자와 아이디어를 연관 지음<br>• 듣기보다 읽기에 효율성을 보이기 시작함 |
| 14-17세 | • 복합적 관점을 수용할 수 있음<br>• 기존의 지식에 더해 새로운 사실과 개념을 종합적으로 다룰 수 있음 | • 복합적 관점을 갖는 교재를 읽음 |
| 17세 이상 | • 고차원적 추상화를 통해 지식을 구축함<br>• 분석, 종합, 비판을 활용함 | • 독서 활동을 통해 지식을 체계화함 |

\* 영어가 모국어이거나 제2언어인 경우

# WHEN?
## 아이가 영어를 시작할 때

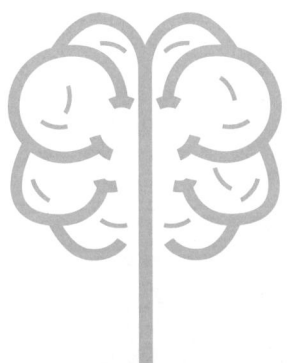

What we learn in childhood is
carved in stone.

David Kherdian

인간의 두뇌는 그 생명이 깃들어 있는 한 완전히 잠드는 법이 없다. 두뇌는 60조 개가 넘는 세포로 이뤄진 몸을 구석구석 움직이고 뇌 속으로 들어오는 엄청난 양의 정보를 시시각각 처리한다. 깨어 있든 잠들어 있든 간에 우리 두뇌는 쉴 새 없이 전기신호를 번쩍이며 신경활동에 전념한다. 그런데도 대부분의 사람들은 건강이 허락하는 한 문제없이 생명을 유지하며, 일하고 생각하고 기뻐하고 화내고 슬퍼하고 즐거워한다.

사람이 사람답게 살 수 있도록 하는 것에 대해 물으면 우리는 흔히 사랑과 우정, 즉 사람 사이의 관계를 첫 손가락에 꼽는다. 다른 이와의 관계 형성에서 가장 핵심적인 열쇠가 언어임은 누구도 부인할 수 없다. 우리는 언어, 특히 말로 가족과 친구와 자녀와 생각과 감정을 나눈다. 만일 글을 매개체로 한다면 현재라는 시간의 벽을 넘어 과거와 대화할 수 있고 미래에도 우리의 생각을 남겨 소통할 수 있다. 인간이 이룩한 최고의 위업은 말과 글, 바로 언어다.

하지만 인간의 두뇌는 의외로 연약한 기관이다. 두뇌는 계란찜처럼 말랑말랑하고 끊임없이 산소와 영양분을 필요로 하며 쉴 틈 없이 돌아가고 있다. 불과 몇 분만 산소 공급이 중단되면 두뇌는 곧 생명을 잃고 만다. 단단한 물체와 충돌하면 두뇌는 허탈할 정도로 무기력하게 기능을 상실하거나 회로가 망가져 발작을 일으키기도 한다. 이토록 섬세하고 약한 기관이 두뇌다. 어린 시절 힘들여 만든 조립식 장난감이나 소중히 아꼈던 인형을 유리 상자 안에 넣어 소중히 보관해본 적이 있는가? 유리 상자에 보관한 물건은 쉽게 파손되지 않는다. 우리가 태어나서 기적에 가까운 속도로 배우고 익히는 기술이 바로 모국어다. 별 탈이 없는 한 아이들은 세상에 태어난 지 4년 정도면 수천 개에 달하는 단어를 문법적으로도 완벽하게 이해하고 표현할 수 있게 된다. 어느 정도 모국어가 완성되면 마치 유리 상자에 나만의 물건을 보관하듯 모국어를 잘 보존하려는 두뇌 장치가 가동된다. 영어 같은 외국어가 비집고 들어가기에 쉽지 않은 시기가 찾아오는 것이다.

그렇다면 언제부터 영어두뇌를 만들어줘야 할까? 무조건 빠를수록 좋은 것일까?

# 영어를 늦게 시작했다면

　1970년 11월 4일, 미국 로스앤젤레스의 템플 시 사회복지사가 이상한 광경에 맞닥뜨렸다. 앞을 보지 못하는 여인과 그녀의 어머니 그리고 역시 몸이 불편해 보이는 여자 아이가 사회복지센터 사무실에 들어섰다. 여자 아이의 모습은 정상인과 많이 달랐다. 허리는 새우등처럼 굽었고 제대로 걷지 못했으며 팔은 마비된 것처럼 이상한 각도로 꺾여 있었다. 말을 거의 못하고 체구도 아주 작았다. 여섯 살 정도로 보였다. 하지만 알고 보니 아이의 나이는 열세 살이었으며 장애인도 아니었다. 사안이 심상치 않음을 깨달은 사회복지사는 윗사람에게 즉각 보고했다.

　사회복지센터의 연락을 받은 경찰 수사관들이 곧바로 그들의 집을 수색했다. 밝혀진 내막은 충격적이었다. 여자 아이는 그 사회복지사가 목격하기 직전까지 11년 동안 방에 감금된 채 살아왔던 것이다. 감금한 사람은 다름 아닌 아이의 아버지로, 그는 아이가 병에 걸려 있기 때문에 바깥세상으로부터 보호하기 위해서 감금했다고 말했다. 낮 동안에는 아래에 변기가 붙어 있는 유아용 의자에 벌거벗은 채로 묶여 오직 손가락만 까딱일 수 있는 상태로 지냈고, 밤에는 강철 덮개가 달린 나무로 만든 침대에 두 팔과 다리가 결박된 채 침낭 속에서 잤다. 아이의 방에는 라디오도 TV도 책도 없었고 벽에 붙어 있는 것도 없었다. 오직 그림이 찢겨 나간 《TV 가이드》가 한 권 있었을 뿐이다. 유아식, 시리얼, 삶은 계란 등 식사도 떠먹여줬다. 이 사건의 수사를 담당했던 형사는 "히틀러도 이 아이의 아버지한테 과외 수업을 받았을 것"이라고 말했다.

아이의 소리가 바깥으로 나가는 것을 극도로 싫어한 아버지는 아이가 조금이라도 소리를 내면 물어뜯을 듯 개처럼 고함을 지르거나 무자비하게 때렸다. 아이는 절대로 소리를 내서는 안 됐고 부모와의 대화는 아버지의 협박 외에는 없었다. 그 결과 열세 살인 아이가 할 수 있는 말이라고는 단어 20개가 전부였다.

아버지는 아이의 엄마인 아내에게 아이가 열두 살이 되면 풀어줄 것이라고 약속했다. 남편에게 늘 폭행당하는데다 눈도 보이지 않았던 그녀는 남편의 약속을 믿고 그대로 아이를 방치했다. 그러나 그는 약속을 지키지 않았다. 절망한 엄마는 남편이 먹을 것을 사러 나간 사이 아이를 데리고 탈출했다. 끔찍한 실상이 낱낱이 밝혀진 뒤 아버지는 즉시 체포됐고 아이는 로스앤젤레스 소아병원으로 이송됐다.

## 만 7세, 언어의 결정적 시기?

아이의 이름은 지니(Genie)로, 열세 살이 될 때까지 불과 20개의 단어밖에 쓰지 못한 아이는 이후 세월이 흐르면서 언어 이해력을 얻게 됐지만 문법적으로 바른 문장을 제대로 구사할 수 없는 등 아직까지도 자기 생각을 온전히 말로 표현하지 못하고 있다. 지니는 현재 미국의 한 정신지체 보호시설에서 생활하고 있다. 이 희귀한 사례는 수많은 언어학자와 뇌과학자들의 연구 대상이 됐고 관련 논문만도 수백 편이 넘는다. 연구 대상이 된 주요 이유는 태어난 후 일정 기간이 지나면 언어 습득 능력이 급격히 줄어든다는 이른바 '결정적 시기(critical period)' 가설의 강력한 증거 중 하나로 인정받았기 때문이다.

이 그래프는 워싱턴대학교의 언어학자인 패트리샤

**결정적 시기(critical period)**
두뇌의 신경회로가 활발하게 만들어지는 시기. 교육학적으로는 특별한 심성이나 행동을 획득할 수 있는 특정한 시기를 말한다.

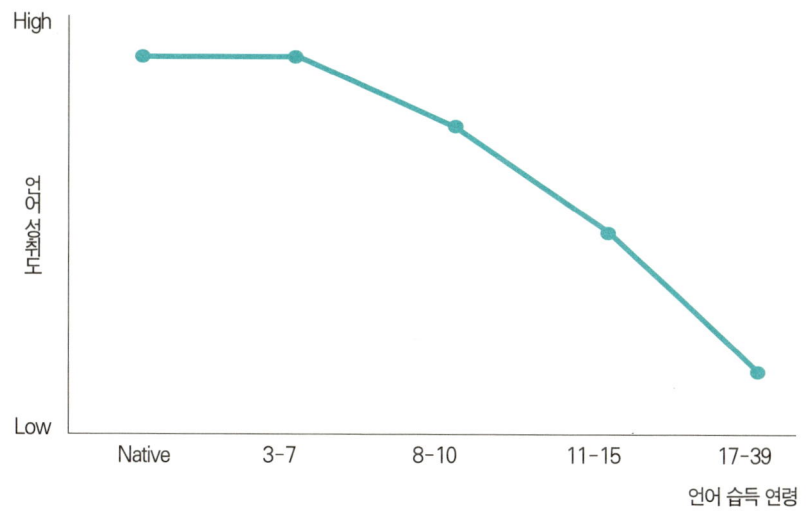

: 패트리샤 쿨의 새로운 언어 습득 연령별 언어 성취도

쿨이 TED 공개 강연 중 제시한 것으로, 생후 만 7세 정도까지는 모국어를 비롯해 어떤 언어든 쉽게 습득하지만 나이가 들수록 그 능력이 급격히 감소함을 나타낸다. 쿨은 "누구도 이 도표에 대해 반박할 수 없다"고 하면서 언어의 소리에 관해서는 "생후 1년만 돼도 모국어 자음과 모음의 소리를 받아들이는 방식이 거의 확정된다"고 주장했다. 실제로 사춘기에 접어들 때까지 거의 말을 할 수 없었고 해서도 안 됐던 지니의 경우는 매우 높은 톤의 목소리로 더듬더듬 말하는 수준이지만 남이 말하는 것은 상당 수준 알아들을 수 있다. 아이가 감

금당한 무렵이 생후 2년경부터이므로 생후 1년 정도 지나면 모국어 소리를 받아들이는 방식이 거의 확정된다는 쿨의 주장은 일리 있어 보인다. 모국어에 자주 접하지 못했고 말할 기회도 거의 없었으므로 아이는 발성 기관을 훈련시킬 수 없었고 죽을 때까지 문법적으로 완벽한 모국어를 말하지 못하게 됐다.

모국어를 배우기 위한 최적의 시기와 관련해 두뇌에서 샘솟는 물질에 대해 앞 장에서 언급한 바 있다. 이마 안쪽에 있는 '기저전뇌핵'이라는 부위에서는 두 살에서 여덟 살 정도 된 아이의 두뇌가 특별한 주의집중력을 기울이지 않아도 수많은 정보를 흡수할 수 있도록 해주는 물질이 분비되며 그 덕분에 주의집중을 가능하게 해주는 아세틸콜린(acetylcholine)이라는 호르몬이 아이의 뇌 속에서 풍부하게 흘러나온다. 이 물질이 나오는 기간과 아이가 모국어를 놀라운 속도로 습득하는 시기는 신기하게도 거의 일치한다. 하지만 10대 전후 사춘기에 이르면 이 물질의 분비는 급격히 감소하며 특별히 집중력을 발휘하지 않으면 새로운 언어를 배우기 어렵게 된다. 따라서 이 그래프는 뇌과학적 관점에서도 타당하다고 할 수 있다.

## 영어에 민감한 시기

언어 습득에 결정적 시기가 있다는 이야기를 듣게 된 부모들은 걱정한다. '우리 아이는 어쩌지?', '어릴 때 1년이라도 아이와 외국에 있다 오는 거였는데' 식으로 조바심 섞인 한탄을 한다. 주변 사람들의 의견을 허겁지겁 구해보기도 하고 영어책을 전집으로 사들이기도 하며, 싫다는 아이를 다그쳐서 잘나간다는 영어학원에 들여보내기도 한다. 그런데 영어공부 끝내면 좋아하는 스마트폰 게임을 마음껏 할 수 있다는 엄마의 말에 기를 쓰고 하루에 몇 시간씩 영어를 붙잡고 씨름하던 아이는 영어란 자기 인생을 힘겹게 만드는 나쁜 것이라고 생각하게 된다. 영어가 자신을 괴롭히는 '괴물'처럼 보일 것이다. 게다가 일찍부터 'to 부정사'니 '동명사'니 알아들을 수 없는 문법까지 배우게 된다면 이내 영어에 정나미가 떨어져버리고 만다.

하지만 아이가 영어를 뒤늦게 시작했다고 조바심 가질 필요는 없다. 언어 학습에 중요한 시기라고 여겨지는 결정적 시기가 영어두뇌를 온전히 결정하는 것은 아니기 때문이다. 이 시기는 오히려 '민감한 시기(sensitive period)'라고 부르는 것이 맞다. 결정적 시기란 일정 기간이 지나면 절대 되돌릴 수 없는 상황을 말한다. 그러나 민감한 시기는 시간과 노력을 기울이면 여전히 변화가 가능함을 전제로 한다.

우리 주변을 살펴보면 웬만큼 나이를 먹은 뒤에도 놀라운 영어 실력을 갖추게 된 사례들을 어렵지 않게 찾을 수 있다. 줄리(Julie)라는 이름의 영국인은 스물한 살 때 아랍어를 배우기 시작했지만 불과 2년 반 만에 아랍어를 모국어로 쓰는 사람들도 구별하지 못할 정도로 완벽하게 구사했다는 사례 연구가 있다. 폴란드 출신으로 영어권 최고의 소설가 중 한 사람으로 인정받는 조지프 콘래드(Joseph Conrad)도 스무 살이 넘어서 영어를 배웠고 서른일곱 살에 영어로 쓴 첫 번째 소설을 출간했지만 영어가 모국어인 사람들을 압도할 정도로 깊이 있는 영어 문체를 구사했다. 아이가 여덟 살이 넘어서 영어공부를 시작하더라도 충분한 영어 실력을 갖추는 게 얼마든지 가능할 수 있다.

# 국어두뇌가 먼저다

앞에서 든 사례들을 다시 한번 곰곰이 되짚어보기 바란다. 지니의 사례든 패트리샤 쿨의 연구든 두뇌에서 나오는 물질이든 공통점이 하나 있다. 외국어로서 영어를 배운 경우가 아닌 '모국어'를 공통 변인으로 갖고 있다는 점이다. 우리나라 아이들의 모국어는 영어가 아니다. 어떤 아이에게라도 영어는 외국어다. 그렇다면 외국어로서 영어를 배우는 것에 대해 살펴볼 필요가 있다. 이제 외국어를 배우는 것에 관한 혁신적 연구를 하나 소개하려고 한다.

## 소리 없는 언어

지니처럼 의도적으로 감금당하거나 《정글북》의 모글리처럼 야생동물과 함께 성장해서 모국어와 차단된 상황이 보고된 경우는 서기 1300년 이후로 불과 30건도 되지 않을뿐더러 그 내용도 거짓과 허위가 많아 신빙성이 매우 떨어진다. 그래서 캘리포니아대학교 샌디에고캠퍼스 언어학과의 레이철 메이베리(Rachel Mayberry) 교수는 선천적으로 귀가 들리지 않아 모국어 소리를 들을 수 없는 청각장애아들을 대상으로 외국어 학습에 관한 흥미로운 실험을 진행했다.

우리가 알고 있는 바와 같이 청각장애인들은 듣는 기능에 문제가 있어 발성을 제대로 할 수 없으므로 말을 하지 못한다. 그렇기 때문에 손짓을 이용해서 의사소통한다. 바로 수어(sign language)다. 그런데 수어는 일반 언어에 근접할 정도의 복잡한 언어적 특성을 고스란히 갖고 있다. 말소리에 음소라는 것이 있어 소리 하나의 차이로 새로운 단어를 표현할 수 있는 것처럼, 손짓의 방향이라는 단 하나의 차이로도 수어에서는 새로운 단어가 된다. 따라서 수화에 능숙한 이들에게 수어는 일반인들의 소리 언어와 별반 차이가 없다. 일반인들이 말을 할 때 사용하는 두뇌와 거의 동일한 두뇌 영역이 수화를 할 때도 활성화된다. 이는 시각장애인의 경우에도 비슷하다. 시각장애인들이 점자를 읽을 때도 일반인들이 눈으로 글자를 읽을 때 활성화되는 두뇌 영역과 같은 부위가 반응한다. 다시 말해 청각장애인들에게 수화는 말로 나누는 대화와 같고, 시각장애인들에게 점자는 눈으로 읽는 글자와 언어적으로 동일하다. 이미 다양한 실험으로 검증된 사실이다.

청각장애는 선천적일 수도 있고 후천적일 수도 있다. 아이가 선천적으로 소리를 들을 수 없는 청각장애아이고 부모가 수어를 하지 못하는 경우 그들이 수어를 전문적으로 배울 때까지 아이는 몇 년 동안 모국어에 노출될 기회를 거의 갖지 못한다. 앞의 여자 아이처럼 극단적인 감금 상황 때문에 모국어에 노출되지 못한 경우와 비교할 때 청각장애아의 경우 모국어 습득 수준에는 어떤 차이가 있을까?

수화를 할 수 있는 부모에게서 태어나 일찍부터 수화를 접한 아이들과 비교해 7~8세 이후 수화를 배우기 시작한 아이들은 성인이 된 뒤에도 문법적으로 제대로 된 수어를 구사하지 못한다는 연구 결과가 나와 있다. 늦게 수어를 배운 이들은 수화로 표현하는 단어를 인식하는 데 더 많은 시간을 필요로 한다. 시각적인 음소 처리 능력에 있어서 정확성이 떨어지기 때문이다. 소리로 음소가 전달되는 일반인들에 비해 청각장애인들에게는 시각적으로 음소가 처리된다.

## 모국어가 외국어를 좌우한다

메이베리 박사는 대부분의 다른 실험들과 달리 한 단계 더 나아가 외국어 습득은 어떻게 되는지도 살펴봤다. 수집한 데이터를 분석한 결과, 일찍부터 모국어에 노출된 청각장애인들은 외국어로서 영어를 배울 때도 늦게 모국어를 배운 사람들에게 비해 문법적으로도 음소적으로도 단어 수준에서도 훨씬 정확한 영어를 구사해냈다. 정교한 실험 결과를 정리하면서 메이베리는 다음과 같은 결론을 내렸다.

(1) 모국어 습득 타이밍이 가장 중요한 언어적 변수다.
(2) 모국어를 일찍 습득한 사람은 외국어를 더 정확하고 빠르게 배운다.
(3) 탄탄한 모국어 실력이야말로 외국어를 배우기 위한 든든한 발판이 된다.
(4) 언어 습득 시기는 모국어에 대해서만 결정적인 변수이지 외국어에 대해서는 그렇지 않다.

한마디로 모국어 실력만 제대로 갖추고 있고 시간만 충분히 투입한다면 평생 동안 어떤 외국어든 상당한 수준까지 배울 수 있다. 아이가 영어로 된 책을 읽을 때 관심을 보이지 않거나 싫어한다면 부모들은 영어를 왜 못하는지에 관심을 갖는다. 그러나 이때 생각해봐야 할 지점은 아이가 우리글로 된 책을 읽으면서 재미를 느끼는지의 여부다. 국어로 된 책도 잘 읽지 않는 아이가 어떻게 영어로 된 책을 잘 읽을 거라고 희망하는가. 아이가 영어를 도구로써 능숙하게 사용하기를 원한다면 우리글 책에 먼저 재미를 느끼도록 도와주는 것이 급선무라 할 수 있다.

평소에 영어를 자주 쓰는 생활 속에 있지 않고 아이가 영어에 대해 강력한 거부감을 표시한다면 영어교육 시기를 다소 늦출 필요가 있다. 이런 경우에는 외국어로서 영어를 본격적으로 배우고 익힐 시기는 우리말 습득이 자동화되고 우리글 지식이 기본적으로 다져진 후에 다시 시도하는 것이 좋다.

우리글에 대한 문자언어 지식이 기본적으로 갖춰졌는지는 직접 글을 쓰지는 못하더라도 우리글의 쉬운 단어를 읽고 0.2초에서 0.5초 이내에 이해할 수 있는지 여부로 판단하면 된다. 만일 아이의 두뇌가 우리글을 텍스트가 아닌 그림으로서 처리하거나 그 처리 속도가 1~2초 또는 그 이상 소요되고 있다면 문자언어 활용 능력이 아직은 부족한 상태다. 물론 이 시기에도 재미를 위주로 영어와 꾸준히 접하도록 배려해 영어의 존재감 정도는 계속 환기시켜주는 것이 좋다.

우리 두뇌가 오랜 세월 발달하며 선택한 핵심 원리 중 하나가 있는데 '느리지만 거의 옳은 것보다 가끔씩 틀리지만 **빠른 게 낫다**'이다. 우리말과 글을 듣고 읽을 때 조금은 틀리더라도 빠르게 인식할 수 있는 능력이 우선적으로 중요하다. 우리말과 글에 충분히 익숙해진 아이는 뒤늦게 영어를 배우기 시작하더라도 상당히 빠른 속도로 언어를 흡수할 발판이 마련된 단계에서 시작하게 된다.

# 국어두뇌에서 영어두뇌로

"나, 화 감을 거야!"

전주로 가는 자동차 뒷자리에 타고 있던 첫째 아이가 생후 3년 4개월째에 갑자기 한 말이다. 잠시 어리둥절해 있는데 녀석이 한마디 더한다.

"나, 아직도 화 감겼어! 화 풀리면 뽀뽀해줄 거야."

그제야 어떤 의도를 품고 말한 것인지 정확히 이해할 수 있었다. 아이는 차 속에서 안전벨트를 풀려고 하다가 옆자리에 앉아 있던 엄마한테 혼이 나자 뾰로통해서 꺼지지도 않는 팔짱을 끼고 입을 삐죽이다가 "이제 화 풀어"라는 엄마의 말에 나름대로 답을 내놓았던 것이다. 언어적으로 생각해보면 꽤 놀라운 수준의 답변이다.

차 속에서 녀석이 불쑥 말한 "나, 화 감을거야! 나, 아직도 화 감겼어! 화 풀리면 뽀뽀해줄 거야"를 잠깐 분석해보면 주어·부사어·서술어를 완벽히 사용했고, 조건 연결 어미 '-면'을 제대로 썼으며, '풀리다-감기다'의 반의어 관계를 이해하고 있음을 알 수 있다. 화장지 같은 물건이 감기고 풀리는 것에서 미루어 짐작해 "화 감겼어"가 "화 풀렸어"의 반대말이라고 떠올려 두 가지 상황을 연결시켜 유추해낸 것이니 결코 얕지 않은 언어적 사고 능력을 갖고 있다는 증거였다.

## 국어두뇌 만들기

출산 예정일보다 한 달이나 먼저 나와 불쌍할 정도로 체구가 작은 2.5kg으로 태어난 첫째 아이는 태어난 지 2년이 되도록 거의 우리말을 하지 못했다. 만으로 2년 6개월이 되어서야 간신히 "저기 아파트," "할머니 업써," "아빠 좋아"라고 말하는 '두 단어 말하기 단계(two-word stage)'로 접어들 수 있었다. 조금 빠른 아이들이라면 생후 18개월부터도 가능한 국어 수준에 거의 1년이나 늦게 도달한 것이다. 일단 말문이 트인 녀석의 우리말 발달 속도는 지켜보는 부모에게는 실로 경이로울 뿐이었다. 2년 7개월째에 따라 말하기(mirroring)를 습관처럼 했고 그로부터 2개월 뒤에는 상황에 꼭 맞는 표현을 골라 썼다.

예를 들어 옷을 선물 받으면 "선물 예쁘다"라고 말하고, 내가 일하는 모습을 말끄러미 쳐다보며 "아빠, 뭐 하고 있어?"라고 질문했다.

2년 10개월이 되자 '그러면', '그런데', '하지만' 등의 연결어를 구사하며 앞뒤 흐름에 어색함이 없을 정도로 말할 수 있게 됐다. 만 3년이 되자 어른들과의 기본적인 대화에 별 지장이 없을 정도로 문법적 완성도가 있는 문장을 말했다. 이렇게 세상에 나온 지 불과 3년여 만에 녀석은 언어를 갖고 놀며 기발한 표현들을 머릿속 사전에서 꺼내 썼다.

사실 첫째 아이가 남다른 언어적 재능을 갖고 있던 것은 아니다. 말에 관해서는 별다른 장애가 없는 이상 대부분의 아이들도 마찬가지로 만 3세경까지 모국어의 문법적 능력이 거의 완성 수준에 가깝게 된다. 그러나 글에 관해서는 상황이 좀 다르다. 이후에 자세히 설명하겠지만 글은 별도로 가르치지 않으면 말처럼 자연스럽게 습득되지 않는다.

첫째 아이가 고개도 제대로 가누지 못하는 아기 시절부터 무릎에 앉혀놓고 알아듣든 못 알아듣든 간에 틈 날 때마다 동화책은 물론 전공 서적이나 영어 문학서를 내 공부도 할 겸 소리 내서 읽어줬다. 아

> **두 단어 말하기 단계 (two-word stage)**
> 생후 12개월 즈음의 '한 단어 말하기 단계("물, 엄마")'를 거쳐 생후 18개월에서 20개월 정도에 "엄마 물, 빨리 와"처럼 두 개의 단어를 서로 관계에 맞도록 말하는 단계. 문법성을 습득하고 있다는 좋은 증거다.

> **따라 말하기(mirroring)**
> 부모가 한 말을 아이가 거울처럼 그대로 따라 말하는 것. 상대방의 말을 그대로 따라하는 것은 대뇌 베르니케 영역과 브로카 영역을 연결하는 '신경 고속도로(궁형속)'가 상당히 깔려 있다는 증거다.

주 어린 아기에게는 일단 책이라는 물체에 익숙해지게만 해주면, 책을 읽으며 소리를 들려주기만 하면 족하기 때문이다. 생후 만 1년 6개월 정도부터는 흔히 구할 수 있는 그림책 유의 책을 열심히 읽어주면서 그림도 손가락으로 짚어 보여주기를 1년 정도 했다. 그랬더니 만 2년 6개월이 됐을 무렵 아이는 오디오 기기로 우리말 이야기 CD를 즐겨 들으면서 자기 전에는 반드시 "오디오 틀어줘!"라고 요구하기 시작했다. 생후 3년 6개월 즈음이 되자 아이가 50여 권짜리 생활 동화를 모두 암기하기에 이르렀다. 녀석은 영어책은 물론 영어 소리도 단호히 싫어했지만 우리글로 된 책은 시도 때도 없이 읽어달라며 애걸하고 부모를 협박하기도 했다.

## 명작 동화의 기대 효과

일단 책을 읽어달라고 졸라댈 정도로 우리말에 능숙해진 아이의 문자언어 습득은 일사천리로 진행된다. 우선 명작 동화를 소리 내 읽어주기 시작했다. 아이에게 생활 동화에 이어 세계 명작 동화를 투입하는 것은 다음과 같은 효과를 기대할 수 있기 때문이다.

첫째, 그림 형제나 안데르센의 동화, 이솝 우화, 각종 신화 등에 기초한 명작 동화는 세계 각국의 언어로 번역되어 있기 때문에 외국어로 된 것을 쉽게 구할 수 있다. 일단 우리말로 스토리를 알고 흥미를 갖게 된 동화는 나중에 영어로 읽을 때도 친숙하게 접근할 수 있다.

둘째, 오랜 세월 이어져온 전통을 갖고 있는 명작 동화나 전래 동화는 아이와 함께 다양하게 해석하고 대화를 나눌 수 있는 '생각 거리(food for thought)'를 풍성하게 제공할 수 있다.

셋째, 명작 동화는 아이의 순수한 상상력에 호소하며 인간의 깊은 속내를 자극하는 탄탄한 스토리라인을 갖고 있다. 스토리의 강력한 심리적 연상 작용과 기억 촉진 효과 그리고 동기부여 능력에 대해서는 차차 더 살펴보자.

넷째, 오랜 세월의 검증을 받으며 살아남은 명작 동화는 역사적 배경 지식과 심오한 사고력이 뒷받침되어야 하므로 깊이 있게 생각하는 능력을 키우기 좋다. 명작 동화의 잔인함에 대해 걱정하는 어른들도 있지만 그것은 동화를 아이가 어떻게 받아들이는지 관찰해서 대처하면 된다. 명작 동화 읽어 주기는 잃는 것보다는 얻는 것이 훨씬 크다.

## 국어에 대한 자동성

첫째 아이에게 구입한 동화 전집을 모두 두 번씩 읽어준 다음 한

글을 명시적으로 가르치기로 결정했다. 조금 이른 나이인데도 글자를 직접 가르치기로 한 이유가 있다. 우리말이 거의 자동화되었다는 것은 한글에 대한 자동적 인식 능력을 연습할 수 있는 준비가 기본적으로 갖춰진 시점이라는 뜻이다. 따라서 이때부터가 모국어로서 한글을 본격적으로 배우고 익힐 최적의 시기라고 판단했기 때문이다.

우선 "ㄱ은 기역, ㄴ은 니은… ㅎ은 히읗" 하면서 짚어가며 한글 자모의 명칭을 가르쳤다. 자모의 이름을 먼저 알려준 이유는 단어 속의 위치에 따라 자모의 발음이 달라질 수 있지만 그 이름은 언제나 똑같기 때문이다. 이것은 영어를 가르칠 때도 마찬가지로 적용된다. 예를 들어 'c'는 상황에 따라 'cat'에서는 'k'로, 'cell'에서는 's'로, cello에서는 'tʃ' 발음이 되지만 이름은 언제나 변함없이 'si'이다.

24개의 한글 자음과 모음을 모두 익히게 한 다음 명작 동화 속에서 쉬운 수준의 단어를 하루에 4개 정도씩 골라 스케치북에 크게 써놓고 자음과 모음으로 분해해서 읽어줬다. 예를 들어, '바다'를 스케치북에 써준 다음 "바다"라고 바로 읽어버리지 않고 처음에는 'ㅂ-ㅏ-ㄷ-ㅏ'라며 덧써주거나 짚어주고 나서 "ㅂ-ㅏ-ㄷ-ㅏ"라고 소릿값을 들려준다. 일종의 우리말식 파닉스 훈련이다. 그렇게 하면 아이는 하나의 글자가 하나의 소리에 대응한다는 법칙인 '글자-소리' 대응관계를 자연스레 알아챈다.

문자를 익히는 것에 대해 아이는 처음에 많이 부담스러워한다. 그래서 유인책으로 아이가 좋아하는 과자나 비타민 사탕 등을 동원하기도 하면서 스케치북 한 권에 단어들이 가득 차도록 반복해서 읽혔다. 한글을 가르쳐보면 한글의 우수성을 어렵지 않게 깨달을 수 있다. 아이는 불과 100개 정도의 단어를 읽어본 것만으로도 더듬더듬 스스로 책을 읽기 시작했다. 처음에는 단어 단위로 읽을 기회를 주다가 문장 한 개를 다 읽으면 온갖 과장을 섞어 호들갑스러울 정도로 칭찬했다. 책을 읽어줄 때면 아는 단어는 자기가 읽겠다고 떼를 부리기도 했다. 이런 식으로 1개월 정도 한글을 직접 가르친 뒤 만 4세 즈음이 되자 아무 도움 없이도 상당한 속도로 한글책을 읽을 수 있게 됐다. 상당한 속도로 읽을 수 있다는 것은 단어를 알아보는 데 걸리는 시간이 극적으로 줄었다는 말이고 그것은 우리글에 대한 자동성(automaticity)이 두뇌 속에 생겼다는 뜻이다. 오래지 않아 아이는 스스로 책장에서 관심이 가는 챕터북 수준의 책을 빼서 혼자서도 키득거리며 읽거나 궁금한 것이 있으면 책에서 답을 구하기도 하게 됐다.

> **자동성(automaticity)**
> 반복적인 연습과 훈련을 통해 자동적으로 장기기억으로부터 꺼내 쓸 수 있게 된 정보나 기술. 걸으면서 노래를 부를 수 있는 것은 걷기가 자동화됐기 때문에 가능하다.

## 영어두뇌 만들기

첫째 아이가 만 5년 5개월에 접어들면서부터 그간 명시적으로는 가르치기를 미뤄왔던 영어를 본격적으로 가르칠 때가 왔다고 마음먹었다. 왜냐하면 조금은 틀리는 게 있어도 빠르게 우리말과 글을 이해할 수 있는 수준에 도달했다고 판단했기 때문이다.

우선 매일 한두 시간씩 잠에서 깨자마자 그리고 잠들기 전에 가사와 곡이 좋은 영어 노래를 오디오 CD로 수십 번씩 들려줬다. 한글책을 읽을 때, 장난감을 가지고 놀 때, 밥을 먹을 때에도 스무 번 이상씩 배경음악처럼 반복했더니 아이가 화장실 변기에 앉아서도 흥얼흥얼 영어노래를 외워 불렀다. 가끔씩 자기가 부른 가사를 다시 말해주며 "이게 무슨 뜻이야?"라고도 물어보면서 말이다.

유머와 장난을 좋아하는 녀석의 성격에 맞는 영어 그림책을 사서 재미 위주로 영어책을 소리 내 읽어줬다. 물론 영어로 읽는다고 아빠의 뺨을 때리지 않았다. 영어라는 언어가 존재하며 그것은 배워두면 해외여행 갈 때 참 쓸모가 있을 거라고 거듭 말해두었기 때문일 수도 있다. 우리말로 번역을 해달라고 자꾸 조를 때는 최소한의 정보만 제공해주면서 "뜻도 곧 저절로 알게 될 거야"라고 말했다.

영어를 본격적으로 가르치기 전에도 틈날 때마다 보여줘 아이가 좋아하는 〈리틀 아인슈타인(Little Einstein)〉, 〈워드월드(Word World)〉, 〈까

이유(Caillou)〉, 〈매직스쿨버스(Magic School Bus)〉 등의 영어로 된 DVD 영상을 하루 30~40분씩 보여줬다. 처음 볼 때는 자막을 보고 두 번째부터는 자막 없이 보자는 제안을 아이는 순순히 받아들였다. 책으로도 나와 있는 DVD는 연필로 텍스트를 따라가며 영어 소리를 듣도록 했는데 생활 동화를 외울 정도로 들었던 경험이 있기 때문인지 놀라울 정도로 정확하게 위치를 짚어가며 청취했다.

알파벳 이름을 분명하게 다시 가르친 다음 '글자―소리' 대응관계는 컴퓨터 영어 학습 프로그램을 이용해서 알려주기로 했다. 영어 파닉스는 상당히 지루해질 수도 있기 때문에 영어에 대해 이제 막 다시 지펴진 흥미를 꺾을 우려가 있어서 명시적인 방법으로 투입하는 것보다는 게임 형식으로 제공하면 더 나을 것이라고 판단했다.

단, DVD를 보여주거나 컴퓨터 프로그램으로 영어 학습을 진행할 때 부모가 반드시 옆에 앉아 있거나 적어도 아이가 요청하는 도움을 즉각 들어줄 수 있는 범위 내에 있어야 한다. 그냥 아이가 혼자 동떨어져서 DVD를 보거나 컴퓨터 학습 프로그램을 홀로 진행하게 방치할 경우 교육 효과는 급격히 떨어진다. 아무리 매체가 우수해도 아이는 여전히 부모의 손길이 필요하다.

영어 학습 프로그램을 투입한 지 2개월 만에 아이는 쉬운 영어책을 소리 내서 스스로 읽겠다는 열의를 보였다. 아직은 우리말식이긴 해도 상당히 정확한 영어 발음과 억양을 사용한다. 첫째 아이처럼 국어를 좋아하고 잘하는 아이는 만 6세가 넘어 영어를 시작하더라도 탄탄한 우리말과 글 실력이 있기 때문에 상당히 **빠른** 속도로 영어를 배울 수 있다. 이런 형과 늘 함께 지내서인지 두 살 둘째 아이는 오히려 영어로 CD를 듣고 DVD를 보는 것을 더 좋아하고 영어책 위주로 빼와서 읽어달라고 보챈다.

# 늦었다고 영어두뇌를 포기할까?

　외국어로서 영어를 배우는 시기에 관한 3가지 통설이 있다. 미국의 영어교육학자 스티븐 크라센(Steven Krashen)과 마이클 롱(Michael Long)은 이것이 결론으로 적절한지 검증했다.

(1) 동일한 시간 동안 영어에 노출됐을 때 통사적 기술(syntactic skills) 및 형태(morphology)적 발달에 있어 어린이보다 어른들이 초반에 앞서 나간다.

(2) 동일한 시간 동안 영어에 노출됐을 때 통사적 기술(syntactic skills) 및 형태적 발달에 있어 나이가 더 많은 아이가 더 어린 아이보다 초반에 앞서 나간다.

(3) 성인기에 영어를 외국어로서 배우기 시작한 어른들보다 어린 시절부터 영어에 자연스럽게 노출된 아이들의 언어 성취도가 결국 더 높아진다.

두 학자는 종합적 검증 결과 이 3가지 통설을 일반적으로 부인할 수는 없을 것 같다고 한다. 한 마디로 나이가 많아서 더 깊은 사고를 할 수 있는 학습자가 초반 스타트는 좋지만 시간이 흐를수록 더 어린 시절부터 영어를 접한 아이들에게 따라잡히게 된다는 것이다. 문법과 같은 복잡한 원리를 의식적으로 학습하는 데는 나이든 학습자가 유리하다. 그러나 자유롭게 목표 언어를 사용하려면 어린 시절부터 익히기 시작하는 것이 더 낫다는 말이다. 어릴수록 새로운 언어를 배우는 데 유리하며 나이가 들면 새롭게 언어를 배우는 것이 아주 어려워진다는 게 일반적인 상식이다.

이 논문이 발표됐던 1970년대 말까지만 해도 뇌과학계의 고정관념은 사람은 나이가 들수록 두뇌가 굳게 되고 성인이 된 학습자의 두뇌는 구조가 더 이상 바뀌지 않게 된다는 것이었다. 진흙을 불에 구우면 도자기가 되고 도자기는 다른 모양으로 새롭게 성형하기 어려운 물리적 변화를 겪게 된다. 장식장에 있던 도자기 꽃병이 바닥에 떨어져 산산조각이 나면 다시 모아서 반죽해 재생하기가 매우 어렵다. 이와 마

**통사적 기술**
**(syntactic skills)**
문법을 이해하고 활용하는 능력.

**형태소 인식 능력**
**(morphological awareness skills)**
단어의 뜻을 바꾸는 하위 단어, 글자 및 글자 조합을 이해하고 올바로 사용하는 능력.

찬가지로 일단 굳어버린 머리는 다시는 예전처럼 자유롭게 성형할 수 있는 상태로 돌아갈 수 없다고 믿었다.

아직 많은 사람들은 '뇌세포가 매일 수십 만 개씩 죽으니까 나이가 들수록 머리가 나빠지는 것은 당연하다'고 미루어 짐작한다. 동의하는가? 나이든 사람의 머리는 더 이상 말랑말랑하지 않아서 새로운 것을 잘 학습하지 못한다고 생각하는가? 최첨단 과학이라는 뇌과학계에서 오랫동안 인정했던 정답은 "그렇다"였다.

## 나이가 들어도 두뇌는 발전한다

1980년대에 접어들면서 '두뇌 가소성(brain plasticity)'이라는 용어가 뇌과학계를 뒤흔들기 시작한다. 가소성에 해당하는 영어 단어 'plasticity'에는 '플라스틱(plastic)'이라는 단어가 들어 있다. '열가소성 수지'인 플라스틱에 열을 가하면 다시 흐물흐물하게 되는 것처럼 '가소성'이란 마음대로 모양을 새롭게 만들 수 있는 특성을 뜻한다. 미국 존스홉킨스 의과대학에서 박사 학위를 받은 후 뇌과학계의 노벨상으로 불리는 카블리상을 수상하였고, '신경가소성의 아버지'로도 불리며 현재까지도 UC 샌프란시스코 명예교수로서 연구자로 활동하고 있는 뇌과학자 마이클 머제니크(Michael Merzenich)는 어른의 두뇌도 변화가 가능함을 보여주는 실험 결과를 1984년 뇌신경학 저널에 발표했다.

앞발(손)을 잘 사용하는 원숭이의 두뇌에는 인간만큼 정교하지는 않지만 손가락 부위를 제어하는 뇌지도가 자리잡고 있다. 그림에서 위에 있는 그림은 원숭이 대뇌의 오른쪽 반구를 바라본 것이며 인간과 비슷한 위치의 피질에 왼쪽 손가락이 순서대로 나타나 있다. 머

: 원숭이 대뇌피질에 새겨진 손가락 지도

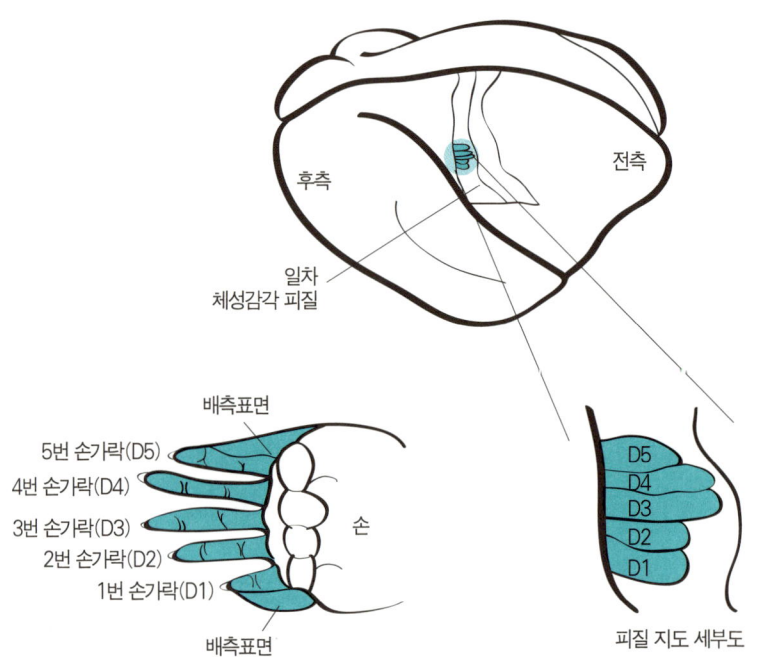

제니크의 연구진은 정상적인 어른 원숭이가 가운뎃손가락이 없어졌을 때의 대뇌피질 지도를 8개월이 흐른 뒤 살펴봤다. 그때까지의 믿음으로는 다 자라버린 두뇌이기에 별다른 변화가 없어야 했다. 그런데 두뇌는 변화해 있었다. 대뇌피질의 가운뎃손가락 부위에 신경 신호가 들어가지 않게 되자 그 부위가 사라지고 둘째손가락과 넷째손가락 지도가 넓어졌다. 성장이 멈춘 어른 원숭이임에도 몸으로부터 입력되는 신경 자극의 정도에 따라 대뇌피질의 회로 자체가 일부 조정되는 정도를 넘어서서 완전히 재배치된 것이다.

이어진 실험에서 정상적인 손가락을 가진 원숭이에게도 비슷한 결과가 나왔다. 특정 손가락에만 자극을 주었을 때를 관찰하니 그 손가락 부위의 지도가 확장된 것이다. 대뇌피질 부위가 넓어졌다는 것은 해당 손가락의 감각이 예민해졌다는 뜻이다.

: 가운뎃손가락이 없을 때 대뇌 지도가 변하는 모습

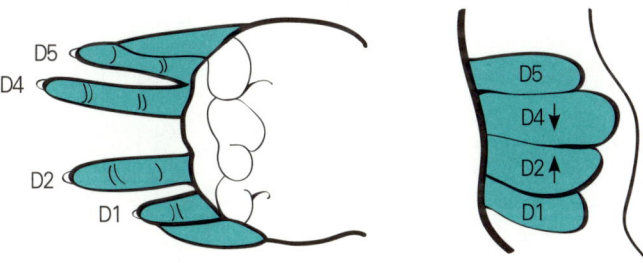

출처: Bear(2006)

: 피아노 연습과 대뇌피질 지도의 변화

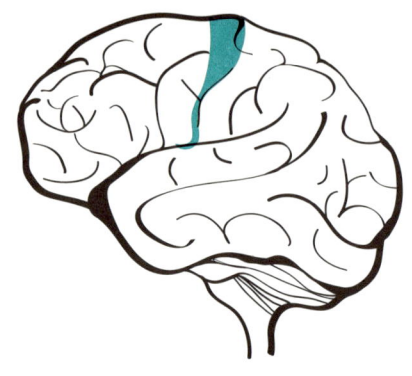

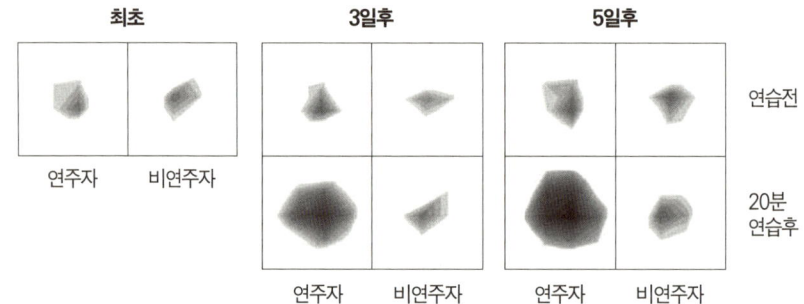

Pascual-Leone et al. (2005)

사람의 두뇌의 경우에도 동일한 현상이 관찰된다. 다음 그림은 파스쿠알−레오네(Pascual−Leone) 연구팀이 실험참가자들에게 다섯 손가락을 모두 움직여서 피아노 연주를 시키기 전후에 뇌에 새겨진 지도가 변하는 과정을 기록한 것이다.

두뇌 대뇌피질의 위쪽 가운데 띠는 몸을 움직일 때 사용하는 부위로 운동피질(motor cortex)이라 한다. 손가락을 굽히고 펴는 데 사용되는 근육에 명령을 내리는 운동피질 부위를 특수 장비를 이용해서 촬영해보니 피아노 연습을 한 지 불과 20분 만에 확연히 운동피질 지도가 바뀌고 있는 것을 볼 수 있다. 3일째 보다는 5일째 연습을 한 지도가 더욱 넓고 선명하므로, 뇌는 입력되는 자극에 따라 몇 분 단위로 변화할 뿐 아니라 연습이 반복될수록 변화의 정도가 강해지고 오래 지속된다. 여기에 소개한 두뇌 가소성 관련 연구는 모두 몸의 감각과 운동에 관한 것들이었지만 다른 수많은 실험을 통해 시각이나 청각에 있어서도 동일한 두뇌 가소성이 관측된다.

두뇌 영상 연구에서 확인된 것은 참으로 흥미로울 뿐만 아니라 고무하는 바가 크다. 여기서 우리는 학습에 관한 힌트를 하나 얻을 수 있다. 계속해서 언어를 공부하고 감각을 발전시킨다면 아이의 두뇌는 물론이고 심지어 성인의 두뇌도 변화시킬 수 있다는 사실이다. 따라서 나이가 들었다고 '영어두뇌 만들기'를 포기할 이유가 없다. 만일 자녀의 영어 학습이 너무 늦어져서 제대로 영어를 배우지 못할 것이라 단정하고 있는 부모 밑에서 아이가 자라고 있다면 아이는 이미 마음속으로 실패를 보고 있을지 모른다. 인간의 두뇌는 어른이 된 후에도 물리적인 역동적 변화가 얼마든지 가능하다는 것을 명심하시길 바란다.

English Brain

# 국어두뇌 VS. 영어두뇌, 나이에 맞게 키우는 법

모국어 습득 능력에 있어 대개 7~12세 정도까지가 절정기이고 그 뒤로는 쇠퇴한다고 인식하는 것이 일반적이다. 그러나 나이가 들면서 두뇌의 학습 능력이 퇴화하기 때문이 아니라 두뇌의 '특기와 관심사'가 바뀌기 때문이라고 받아들이는 것이 옳다. 자기 언어에 관한 한 어린 두뇌는 복사기고 어른 두뇌는 컴퓨터 프로그램이다. 유아나 어린이는 그대로 모방하고 청소년이나 어른은 사안에 따라 이치와 규칙을 따지는 이성적 접근방식을 취한다. 복사기 사용법과 컴퓨터 프로그래밍 방법이 엄연히 다른 것처럼, 아이의 지적인 능력 발달 시기에 맞는 학습 전략을 적절히 그리고 충분히 투입할 필요가 있다. 연령별 영어학습 방법에 대해 간략하게나마 살펴보자.

## 0~2세 영아기

학습비중: 국어 > 영어, 영어 듣기 > 영어 말하기

언어의 소리에 대한 인식 능력이 대부분 확립되는 시기로서 아이의 청력에 이상이 있는지 주의 깊게 살펴야 한다. 우리말이 중요하다. 태어나기 전부터 혹은 태어나자마자 한글책을 매일 읽어준다. 이해 여부가 중요한 것이 아니라 책이라는 물건 속에 언어가 담겨 있다는 인상을 심어주고 책을 읽어주는 엄마와 아빠는 내 편이라는 따스한 느낌을 전달하면 된다. 이해를 할 수 있든 없든 영어책도 읽어주면 좋다. 내 아이가 책에 대한 사랑을 평생 동안 간직하도록 만들어줄 수 있는 다시 돌아오지 않을 절호의 시기다. 부모가 영어에 유창하든 아니든 우리말처럼 영어로도 인사말을 건네본다. 새로운 단어를 영어로도 알려줘 본다. 외국어의 존재를 알려주는 것으로도 족하다. 박자와 운이 잘 맞는 우리말 및 영어 노래를 틈날 때마다 들려주는 것이 좋다.

### 이때 처음으로 영어를 가르친다면?

억지로 한글이나 영어 문자를 가르치려고 할 필요가 없다. 우선 소리가 먼저다. 출생 후 불과 12~18개월이면 우리말에 대한 소리 회로가 아이의 두뇌 속에 탄탄히 자리잡는 시기다. 따라서 아이가 비록 대답을 못하더라도 마치 대화하는 것처럼 말을 건네는 것이 좋다.

### 3~4세 유아기

학습비중: 국어 ≥ 영어, 영어 듣기 > 영어 말하기

언어의 기본 틀이 완성되는 대단히 중요한 시기로서 소리에 대한 인식력(음소 인식 능력), 간단한 형태소 인식 능력, 그리고 문법적 감각이 상당한 수준까지 발달한다. 말을 하지는 못하더라도 하루 평균 5개 이상의 새로운 단어를 꾸준히 뇌 속에 담아 이해할 수 있다. 꾸준히 책을 읽어준 아이라면 각종 기호와 상징에 대해 강한 관심을 표시하기도 한다. 무당벌레 그림을 보고 "ladybug"라고 하면 화를 내고 "무당벌레"라고 읽어야 좋아할 때도 있다. 우리말에 대한 틀이 잡혔기 때문이므로 이런 경우 영어 단어를 고집하지 않는 게 좋다. 틈날 때마다, 가능하면 매일 일정한 시간에 엄마와 아빠 모두 국어책과 영어책을 읽어준다. 영어책은 가능하면 그림이 많이 담겨 있어 글자를 이해하지 못하더라도 흐름을 좇을 수 있는 픽처북이 좋다. 같은 책을 수십 수백 번 읽어달라고 해도 거절하지 말아야 한다. 이 시기의 아이는 반복을 통해 안정감과 편안함을 얻는다.

#### 이때 처음으로 영어를 가르친다면?

이 연령대에 영어로 말을 건네거나 영어 소리를 들려줬을 때 아이가 거부감을 표시하면 억지로 강요하는 것보다 '회유'하는 방법을 택한다. 영어에 유창한 부모라면 영어로 인사하거나 대화를 시도해 보는 것도 좋다. 음악을 좋아하는 연령대이므로 가능하면 고음역을 위주로 다양한 주파수대의 소리(풀 스펙트럼)가 담긴 클래식 음악을 많이 들려준다. 강한 저음과 비트를 위주로 하는 록음악 등은 아이의 청각 전정계(vestibule)는 물론 두뇌에 악영향을 미칠 수 있다. 알파벳을 노래로 표현한 노래 등을 많이 들려준다. 영상물에 대한 관심이 크게 증가하는 나이대로서 〈까이유(Caillou)〉 시리즈처럼 화면 전환이 부드럽고 한 장면에 담긴 정보량이 많지 않은 차분한 유형의 DVD물을 보여주면 좋다. 같은 영상물을 수십 수백 번 보기도 한다. 영어 듣기에 보다 집중해야 할 시기로서 아이가 스스로 말하기 전에는 영어 말하기를 강요하지 않는다.

## 5~6세 유치원기

**학습비중: 국어 ≥ 영어, 영어 듣기 ≥ 영어 말하기**

주변에 대한 호기심이 왕성해 수없이 질문을 쏟아내는 시기다. 하루 평균 9개에 달하는 새 단어를 익히는 것으로 알려져 있고 우리말의 기본틀은 거의 완성 단계에 접어든다. 꾸준히 많은 책을 읽어줬다면 한글을 스스로 깨치는 아이들도 있다. '친외국어 환경' 속에서 자라왔다면 영어 등의 외국어에 호의적으로 반응하고 일부 문장은 직접 외워서 질문하며 영어 노래를 곧잘 외워 부른다. 영어에 지속적으로 충분히 노출된 아이들은 영어로 말을 걸면 영어로 자연스레 응답한다. 이렇게 국어와 외국어를 거의 자동적으로 바꿔 쓰는 것을 '코드 스위칭(code switching)'이라 한다.

손과 손가락 근육이 발달해 정교한 '신체—시각' 협응이 가능하므로 컴퓨터를 이용한 영어 학습 프로그램도 투입할 수 있다. 어른들은 구별하기 어려운 영어 음소 간 차이도 훈련을 통해 정확히 구별할 수 있다.

그림이 많은 영어 픽처북을 많이 읽어주다가 아이가 특별한 관심을 갖고 있는 분야의 조금 더 어려운 영어책으로 서서히 넘어가본다. 픽처북에 비해 그림의 양이 적고 텍스트의 양이 더 많은 종류의 책인 '리더스북'을 거쳐 《매직트리하우스(Magic Tree House)》같이 10개 내외의 장으로 나뉜 챕터북을 함께 읽기 시작해도 좋다.

매일 최소 1시간 이상, 자극이 강하지 않은 영어 DVD를 보여준다. 예를 들어 〈스폰지밥(Sponge Bob)〉 같은 영상물은 재미있긴 하나 매우 빠른 속도로 화면 전환이 이뤄지므로 아직은 적절하지 않다. 지적 발달 수준이 높은 아이들은 〈매직스쿨버스(Magic School Bus)〉처럼 과학이나 생물학에 관한 전문적인 정보가 담긴 영상물을 선호할 수 있다. 영어 텍스트에 꾸준히 노출시키기 위해 좋은 방법은 오디오북을 활용하는 것이다. 영어책을 읽어주는 오디오 소리에 맞춰 손가락이나 연필로 글자를 따라가도록 시키는 방법도 좋다. 우리나라는 영어를 필수적으로 써야하는 상황이 아닌 만큼 각 가정에서 택할 수 있는 최선의 방법이다.

어떤 아이들은 티셔츠나 상품 포장에 있는 영어 단어나 문장을 읽고 직접 소리 내 영어책을 읽기 시작하며 영어 말하기에도 적극적이다. 이 시기까지는 무조건 영어를 차고 넘칠 만큼 들을 수 있도록 환경을 마련해주는 것이 최우선임을 잊지 말아야 한다.

### 이때 처음으로 영어를 가르친다면?

절대 늦지 않았다. 오히려 최적의 영어 학습 시기가 될 수 있다. 우리말과 글에 대해 상당한 수준에 달해 있기 때문이다. 영어 소리에 익숙하도록 영어 동요를 틈날 때마다 틀어주고 아이가 좋아하는 영어 동영상을 합리적인 만큼의 시간 동안 보여주라. 이 시기의 절대적인 키워드는 '재미와 즐거움 그리고 아이의 흥미'다.

### 7~10세 초등학교 초중기

학습비중: 국어 = 영어, 영어 듣기 및 읽기 ≧ 영어 말하기 및 쓰기

어리다고 무시할 수 없을 정도로 사고력이 발달하는 시기다. 꾸준히 언어 능력이 발달해왔다면 1만 개 이상의 우리말 단어를 듣고 이해할 수 있다. 모국어는 물론 외국어 능력을 최고조로 발달시키기에 최적의 연령대로서 본격적으로 국어와 영어 텍스트를 투입해야 할

때다. 우리말로 된 책을 지치지도 않고 독파해내는 시기이므로 아이를 이끌어줄 책을 사주거나 도서관에서 마음껏 책을 빌려볼 수 있도록 배려해야 한다.

여전히 무릎에 앉혀놓거나 팔베개를 한 채 아이를 안고 책을 소리 내서 읽어주는 것이 좋다. 학교 교육과정상 초등학교 3학년 정도까지는 'learn to read' 단계이고 그 이후는 'read to learn' 단계로 접어든다. 따라서 초등학교 4학년이면 수준 높은 읽기 능력이 필요하다. 이때를 대비하기 위해서라도 초등학교 저학년 시기에는 수준 높은 국어책을 원하는 대로 공급해주고 자연스러운 독서 환경을 만들어줘야 한다.

## 이때 처음으로 영어를 가르친다면?

이때쯤 되면 부모들은 '너무 늦은 것은 아닌가?' 하며 아이의 영어 능력에 대해 조바심을 내며 억지로 외국어 학습을 시키고 명시적인 문법 학습을 강요하는 경우가 다반사다. 하지만 이렇게 하는 것은 아이가 영어 활용 능력이라는 값진 선물을 받을 기회를 영원히 막아버리는 지름길이다. 반드시 기억해야 할 것은 아이가 영어에 대해 흥미를 잃는 순간 영어두뇌 만들기는 끝장이라는 사실이다. 아이가 스스로 못 견뎌서 영어를 갈구하도록 상황을 유도해야 한다. 손에서 놓을 수 없을 정도로 아이의 흥미를 끄는 영어책을 공급하거나 눈을 뗄 수 없는 DVD 영상물을 함께 탐색해서 하루 1~2시간 정도 자유롭게 보여주는 것부터 시작하자. 이렇게 하려면 TV를 아예 없애거나 안방으로 옮겨 놓는 것이 현명하다.

### 11~12세 초등학교 고학년기

학습비중: 국어 < 영어, 듣기 및 읽기 ≥ 영어 말하기 및 쓰기

"중학교 2학년 정도가 될 때까지 읽는 능력보다 듣는 능력이 더욱 높은 수준에 머무른다. 그 나이가 지나면서 읽는 능력과 듣기 능력이 서로 일치하게 된다."

'소리 내 읽기'에 관한 베스트셀러를 쓴 짐 트렐리즈(Jim Trelease)가 지적한 말이다. 초등학교 고학년 수준의 아이들이더라도 여전히 듣기 활동이 주가 되어야 하는 이유다. 한편 이 시기 아이들은 문자 언어 능력이 점차 음성 언어 능력에 필적하게 되므로, 발달 수준이 빠른 아이들의 경우 상당한 수준의 텍스트를 읽고 이해하기도 하지만 말하기와 쓰기 능력은 그에 미치지 못할 수 있다.

고급 수준의 역사서나 철학서, 과학서를 국어나 영어로 읽을 수 있는 기회를 마음껏 제공한다. 우리말로 수준 높은 독서를 하며 읽기 근육을 탄탄하게 키워야만 더 고급 수준의 영어책을 소화할 수 있다. 국어책을 읽지 못하는 아이에게 영어책 읽기를 강요하는 것은 젖먹이에게 스테이크를 먹으라는 것과 다를 바 없다. 영어 독서수준

은 국어 독서수준을 넘을 수 없다. 만일 아이가 국어로 독서를 즐기지 않는다면 우리글 책부터 즐기도록 유도해야 한다.

유치원이나 초등학교 저학년 시절부터 적어도 하루 1~2시간씩 영어를 익혀온 아이라면 이제 《나니아연대기(The Chronicles of Narnia)》나 《해리포터(Harry Potter)》 같은 판타지 소설을 읽는 것이 가능할 수도 있다. 이 정도 수준의 영어책을 읽을 수 있다면 책을 읽을 수 있는 충분한 시간을 낼 수 있느냐 없느냐가 문제일 뿐이다. 반드시 필요하다고 판단되는 경우가 아니라면 학원이나 과외 등의 사교육에 바칠 시간을 자발적 영어 묵독(voluntary silent reading)에 투자하는 게 현명하다.

### 이때 처음으로 영어를 가르친다면?

너무 성급하게 서두르지 말자. 급하게 먹는 밥은 체한다. 우선 충분히 영어를 들을 수 있는 기회를 제공한다. 중학교에 들어가면 시간적 여유가 별로 없으므로 적어도 하루 2시간 정도는 좋아하는 영어 프로그램으로 DVD나 TV 학습물 등을 듣도록 유도한다. 무엇보다 듣기를 우선해 영어가 아이의 두뇌에서 차고 넘쳐야 자연스러운 읽기가 가능하다. 충분한 듣기와 읽기가 선행되면 말하기와 쓰기를 배우기에 유리하다. 온통 문법으로 가득한 문법서를 가르치는 것은 아직은 피하는 것이 좋다. 그러나 이 시기 아이들의 이성적 판단력은 어른들의 생각보다 훨씬 높으므로 이치적인 원리를 기반으로 하여 엄선한 문법 원칙 몇 가지 정도를 설명해주는 것도 때로는 도움이 될 수 있다.

### 13~15세 중학교

학습비중: 영어 듣기와 읽기≤영어 말하기와 쓰기

꾸준히 영어를 익혀온 아이라면 이제 수준 높은 영어책을 스스로 찾아 읽고 있을 것이다. 부모가 할 일은 양질의 책을 골라주고 추천해주고 가능하면 함께 읽는 것이다. 아이가 중학생이라고 해서 소리 내 책을 읽어줄 필요가 없다고 속단하지 마라. 아이와 함께 책을 읽고 소리 내 책을 읽어주는 행위는 부모와 자식 사이의 유대를 강화할 뿐만 아니라 학습 효과도 크다. 아이가 원한다면 여전히 책을 읽어줘라.

영어로 말할 기회가 모자라다면 좋아하는 책을 하루에 30분 정도씩 크게 소리 내 읽도록 한다. 유창한 발음을 연마하고 유지하는 데 큰 도움이 된다. 영어로 글을 잘 쓰기 위해서는 강한 끈기와 체계적 훈련이 필요하다. 경우에 따라 명시적으로 영문법을 알려줘야 하는 항목도 있다.

#### 이때 처음으로 영어를 가르친다면?

원칙은 아직 변하지 않는다. 벌써부터 '흥미와 재미'를 포기해서는 안 된다. 중학생일수록 부모가 베풀어줄 수 있는 마지막 기회라는 마음가짐으로 아이가 좋아하는 DVD 영상물이나 쉬운 픽처북을 이용한다. 중학생 정도 나이에 접어든 아이는 일단 가속도가 붙으면 초반에 초등학생들보다 훨씬 빠른 속도로 영어의 기본기를 닦을 수 있다. 원숭이와 인간 두뇌의 손가락 부위가 변화하는 속도는 몇 개월보다 짧은 몇 주, 몇 주보다 짧은 몇 분에 지나지 않았던가? 언제 시작하느냐보다 당장 시작하는 것이 중요하다.

이 시기 동안 아이의 두뇌는 암기보다는 이해를 더 좋아한다. 중학생 아이의 두뇌는 복사기라기보다 전구가 '탁' 켜지듯 어느 순간 "아하"라고 무릎을 치며 깨어나는 고급 인지 장치다. 이치적인 설명이 가능한 경우라면 그 이유에 대해 차근차근 분명히 설명해주는 것도 좋다. 즐겨 듣고 읽는 단계와 실용적 문법 설명을 병행하는 것도 좋다. 배움에 도움이 될 만한 여러 가지 경로를 다양하게 시도해 최적의 방법을 가능하면 신속하게 찾아내야 한다. 만일 복잡한 내용을 공부했다면 최소 세 번 이상은 반복하도록 이끌어주는 것이 좋다.

### 유의할 점

영어두뇌를 만들어주는 시기와 관련해 반드시 말해두고 싶은 원칙이 있다. 자동차 공장의 컨베이어벨트에서 자동차가 착착 조립되어 완성되듯 모든 아이들이 똑같은 일정표를 따라 언어 능력이 발달하지 않는다는 점이다. 어떤 아이들은 부모들의 더 많은 관심과 배려와 인내를 요구하며 아이를 믿고 지켜볼 수 있는 부모들의 초연함이 절실한 경우도 많다. 중요한 것은 포기하지 않고 아이를 믿어주는 것이고 또 그것을 아이가 느끼는 것이다.

# HOW?
## 영어두뇌를 만드는 확실한 방법

It's the difference between
knowing the path and
walking the path.

Morpheus, <Matrix>

앞에서 소개했던 희서 엄마나 준영 엄마의 경우를 비롯해서 영어 잘하는 아이를 키운 엄마들이 공통적으로 언급했던 요소들이 있다. 바로 아이들을 무릎에 앉혀놓고 소리 내 영어책을 읽어줬다는 점이다. 얼핏 너무나도 단순해 보이는 이 방법으로 과연 내 아이에게도 영어두뇌를 만들어줄 수 있을까? 진리는 단순한 법이다. 이 단순해 보이는 방법의 원리로 영어두뇌 만들기 비법 4가지를 소개한다.

'Need the Sound, Read Aloud, Auditory Imitation, Read a Lot'으로 한마디로 말하자면 '소리를 내서 많이 읽어주기'라는 말 속에 함축적으로 담겨 있다. 이를 줄여서 SAIL 학습법이라고 이름 지었다. 우리 아이들에게 SAIL 학습법이 영어두뇌를 만드는 확실한 방법이 되길 바란다. 그리고 가장 중요한 대원칙인 '충분히 듣지 않으면 제대로 말하고 읽고 쓰는 것이 불가능하다'는 점을 꼭 기억해야 한다.

: 영어두뇌 만들기 SAIL 학습법

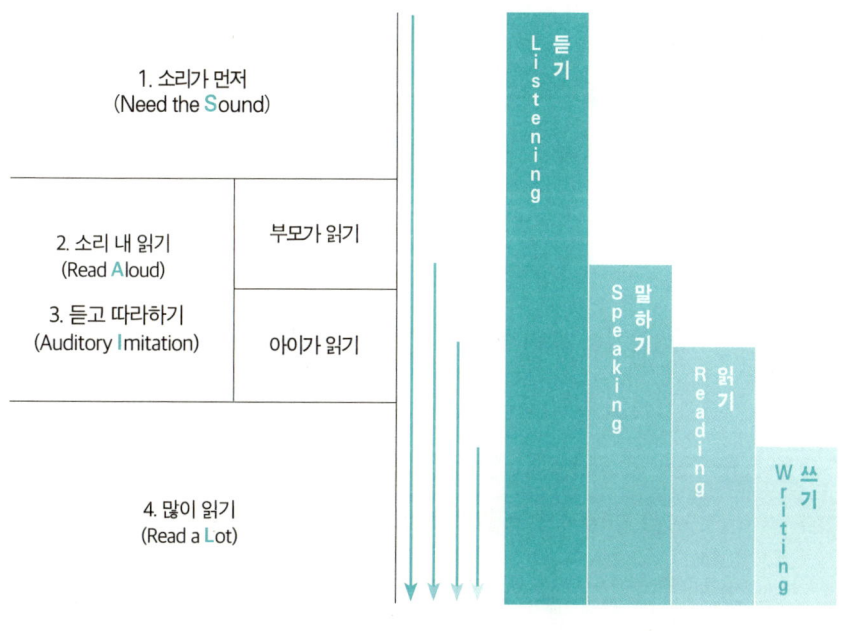

영어두뇌를 만드는 확실한 방법

# 영어두뇌 만들기 첫 번째 비밀

: 소리가 먼저
(Need the Sound)

　　모든 언어는 소리가 우선이다. "듣지 못하는 것은 소리 낼 수 없다"는 원칙이 있다. 이 원칙을 주장한 사람은 앞서 소개한 '귀의 아인슈타인'이라고 불리는 알프레드 토마티스 박사다.

　　토마티스 박사는 오페라 가수였던 움버트 토마티스(Humbert Tomatis)의 아들이었기 때문에 이비인후과 의사로 근무를 시작하자 아버지와 친분이 있던 수많은 성악가들을 치료하고 상담할 수 있었다. 그는 목소리에 이상이 생겨 노래를 잘 부르지 못하게 된 가수들을 면밀히 진찰하고 치료해본 결과 일반적인 상식에 반하는 사실을 발견하게 됐다. 그것은 목에 이상이 있어서 특정 음을 발성하지 못하게 된 것이 아니라 실은 귀에 생긴 이상이 노래를 잘 못하게 만든 원인이라는 점이었다.

청력을 측정하는 특수 장비를 이용해서 잘 들을 수 없게 된 소리를 찾아낸 다음, 가수가 부른 노래와 비교해보면 어김없이, 들을 수 없는 소리는 목소리로도 낼 수 없었다. 치료 대상을 성대가 아니라 청각 기관으로 바꾸고, 소리를 듣는 능력을 개선시켜주자 놀랍게도 환자들은 본인이 원하는 높낮이의 소리를 정확하게 발성할 수 있었다. 이러한 관찰을 통해 토마티스 박사는 "소리를 듣는 능력이 조절되면 소리를 내는 능력도 즉각적이고 무의식적으로 조절된다"는 그의 두 번째 원칙을 이끌어냈다.

## 들려야 말한다

수많은 임상 경험을 토대로 토마티스 박사는 나이가 든 뒤에도 제대로 말을 하지 못하는 아동들을 치료하기 위한 독특한 치료법을 고안한다. 토마티스 박사는 발성이란 "귀로 들은 것을 재생하는 것일 뿐"이며 언어란 "특정 리듬과 소리로 구성된 특별한 음악"이라 인식했다. 그래서 치료 방법으로 어린 시절부터 일반적으로 가장 많이 듣게 되는 소리를 반복적으로 들려주기로 결정한다. 그것은 바로 엄마의 목소리였다.

인간에게 가장 처음 열리는 감각 기관은 소리를 듣는 청각이고 인간이 죽을 때 가장 마지막으로 닫히는 감각 기관도 청각이다. 청각 신경계는 다른 어떤 감각계보다 앞서 발달하고 가장 늦게 소멸한다. 아기는 뱃속에 있는 시절부터 엄마의 목소리를 듣는다. 태아는 크기가 1mm도 안 되는 때부터 청각 기관이 발달하기 시작해 수정 후 4개월 반이면 소리를 듣는 핵심 기관인 달팽이관이 완전한 크기로 자란다. 수정된 지 4~5개월만 지나도 태아는 엄마의 목소리와 바깥세상에서 들려오는 소리에 반응하기 시작하는 것이다. 태어난 지 이틀된 아기도 자기 모국어 소리를 더 좋아한다는 논문들도 있을 정도로 아기가 엄마의 자궁 속에서부터 모국어 소리를 익힌다는 것은 이제 당연한 사실로 받아들여진다.

그런데 엄마의 뱃속 환경은 바깥에서 소리를 들을 때와는 완전히 다르다. 아기는 엄마의 자궁 안 양수 속에 떠있고 엄마가 내는 목소리는 양수와 엄마 척추 뼈의 진동에 의해 아기의 귀로 전달되기 때문이다. 특별한 실험 장치를 이용해 태아가 접하는 소리를 분석해 본 결과 낮은 소리인 저주파음보다는 주로 주파수 800Hz이상의 높은 소리인 고주파음을 태아가 듣고 있었다.

토마티스 박사는 언어로 세상과 잘 소통하지 못하는 환자들을 대상으로 엄마의 목소리를 녹음한 뒤 낮은 소리를 소거하고 주로 높은 소리만 담도록 전자 장비를 이용해 처리한 음성을 반복적으로 들려줬다. 치료 효과는 놀라울 정도였다. 심지어 바깥을 향한 마음의 문을 완전히 닫은 자폐아들까지도 특별하게 처리된 엄마의 음성을 들려주자 언어 및 사회적 능력이 개선되는 것을 관찰할 수 있었다. 과학자 로렌츠 오킨(Lorents Orkin)은 "우리는 눈을 통해 세상으로 나가고 세상은 귀를 통해 우리 안으로 들어온다"라고 말했다. 귀는 외부 세상을 우리 안으로 받아들이기 위해 반드시 필요하며 또 귀가 제대로 들려야 말을 제대로 할 수 있어 세상과 온전히 소통할 수 있는 법이다.

## 언어는 특별한 음악

토마티스 박사의 연구 성과는 외국어 교육과도 직결된다. 일단 새로운 외국어의 리듬과 소리에 많이 접하도록 하여, 전체 신경계를 외국어 소리의 특징에 맞도록 튜닝하고, 신경학적으로 서로간의 연결고리를 만들어줄 때 그 외국어를 배울 기본적인 준비 상태가 된다고 토마티스 박사는 주장했다. 앞에서 소개한 적이 있는 언어별 주파수 대역을 다시 한번 살펴보자.

이처럼 다른 주파수 대역을 가진 언어들은 귀로 들을 때부터 본질적으로 다르기 때문에 이 차이에서 생기는 거부감을 줄이는 것이 외국어 교육의 열쇠가 될 수 있다.

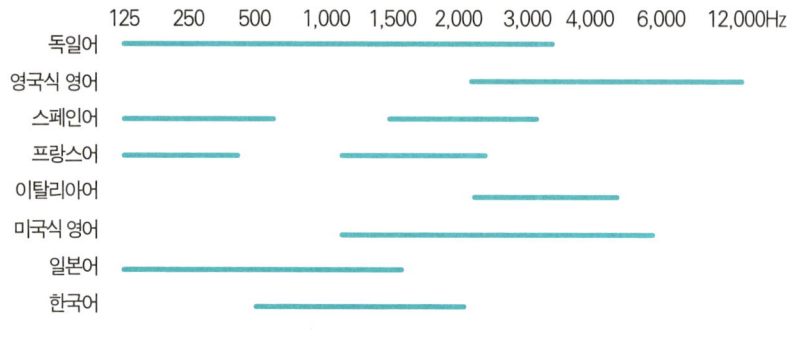

: 토마티스 박사의 소개에 근거한 언어별 우세 주파수 대역

만약 높이는 일정하지만 길이가 다른 '삐 삐 삐 삐—삐—삐—삐 삐 삐' 소리가 귀에 들린다면 무슨 뜻일까? 만일 모스 부호(Morse code)를 모른다면 위 소리의 연속이 무의미한 소음에 지나지 않을 테지만, 훈련받은 귀라면 이 신호를 'SOS(조난신호)'로 이해할 것이다. 모스 부호라는 약속을 이용하면 소리의 길이가 다르다는 한 가지 차이만으로도 어떤 알파벳이든 표현할 수 있고 의사를 전달하는 것이 가능하다.

소리의 길이는 물론 높이, 세기 등의 특색을 갖는 신호의 연속에 의미와 개념을 부여해 모스 부호보다 훨씬 복잡하게 돌아가는 것이 우리가 사용하는 '말'이다. 언어마다 말소리의 연속은 대단히 빨라서 영어의 경우 1초 당 평균 3개의 단어 신호가 쉴 새 없이 쏟아져 나온다. 그 소리의 홍수 속에서 의미를 담은 단어나 구 단위를 정확히 골라낼 수 있어야 영어를 제대로 활용할 수 있다. 이렇게 새로운 언어를 익힌다는 것은 결코 만만한 일이 아니다.

언어가 "특정 리듬과 소리로 구성된 특별한 음악"이라는 토마티스 박사의 말은 높은 설득력을 가진다. 음악을 처리하는 두뇌 부위와 언어를 처리하는 부위는 실제 서로 겹친다. 음악이나 언어는 둘 다 리듬과 억양과 높낮이를 가지므로 본질적으로 같은 것이라 할 수 있다. 특히 영어는 매우 음악적인 언어이기 때문에 음악을 '잘 들을 줄 아는' 귀를 갖고 있는 아이는 영어 습득이 더 빠르다. 클래식 음악도 자주 듣게 되면 귀가 열리듯 영어를 자주 듣게 하는 것이 중요하다. 인간의 뇌는 충분한 입력이 들어가 의식적이든 무의식적이든 언어적 경험을 꾸준히 쌓으면 그 어떤 복잡함 속에서도 패턴을 찾아내고 의도를 이해해낼 수 있다. 발성이란 '귀로 들은 것을 재생하는 것'이므로 말을 하기 위해서는 일단 귀로 듣는 것이 우선인 것이다. 따라서 자꾸 들어야 한다. 그것도 처음에는 많이 들어야 한다. 그저 충분히 듣기만 해도 대부분 아이의 두뇌는 처음에는 무의미하게 보이는 소리의 연속 속에서 필요한 언어 정보를 골라낼 수 있다.

토마티스 박사는 자신에게 찾아온 수많은 성악가들을 대상으로 재미있는 실험을 했다. 몇 초에서 몇 분 동안 오른쪽 귀에 강한 소리 자극을 가해 제구실을 잠깐 동안 못하게 만들어놓은 상태에서 노래를 부르게 했더니 평소 실력을 제대로 발휘하는 가수가 단 한 명도 없었다. 제 아무리 수십 년 동안 무대에서 수많은 관객 앞에서 노래해온 가수라 해도 말이다. 세계 최고 수준의 가수들은 예외 없이 자기가 내는 목소리를 잘 듣는 가수였다. 말도 마찬가지다. 소리를 제대로 못 듣는 청각장애인은 후두와 성대에 아무런 이상이 없어도 자기의 목소리를 귀로 들으며 조절하지 못하므로 제대로 말하지 못한다. 귀는 그저 수동적으로 듣는 기관이 아니라 그 자체가 발성 기관이며 신체 균형 조정 장치로서 인간이 인간답게 살기 위해 가장 중요한 장기라 할 수 있다.

## 영어두뇌의 원리

영어두뇌의 대원칙은 '충분히 듣지 않으면 제대로 말하고 읽고 쓰는 것이 불가능하다'는 것이다. 소리는 대략 2가지 종류로 나눌 수 있다. 첫 번째 소리는 높낮이와 세기, 리듬을 갖고 있지만 자음과 모음으로 나눌 수 없는 비분절음이고 두 번째 소리는 자음과 모음으로 분절할 수 있는 음성 언어다. 자음과 모음으로 분절할 수 있으면 소리의 값에 따라 의미가 달라지는 최소 단위인 음소가 들어 있다는 뜻이다.

영어를 자연스럽게 익히게 하고 싶다면 우선 영어 특유의 높낮이에 아이들의 귀를 익숙하게 해주는 것이 중요하다. 영어 소리에 지속적으로 노출된 아이는 점차 음소 단위나 단어 단위로 영어를 받아들이게 된다. 가령 'twist'를 읽을 때 '트·위·스·트(4음절)'가 맞다고 한사코 주장하며 영어식 'twist(1음절)' 발음에 거부감을 보이던 아이도 서서히 스스로 'twist'로 읽게 된다.

아이가 영어의 소리에 익숙하게 해주기 위한 방법은 대단한 기술이 필요하거나 고가의 장비를 동원해야 가능한 게 아니다. 최소 1~2년 동안 하루 1~2시간 정도 영어 소리에 노출시켜주는 것으로도 얼마든지 가능하다. 여기서 주의해야 할 점은 아이가 흥미를 느껴야 한다는 것이다. 몇 십분 동안 지루한 영어 연설문을 들으면서 버텨낼 재간이 있는 아이는 없을 테니 우선 아이가 재미있어 하는 영어 재료를 찾아야 한다. 아이들은 누구라도 음악에 끌리게 마련이므로 영어 동요를 아침에 일어나자마자, 무언가 다른 활동을 하는 동안, 잠자리에 들기 전 등의 시간을 이용해서 틀어주면 좋다.

아이가 새로운 소리에 익숙해지고 따라 부르고 스스로 듣기를 즐기게 될 것이다. 노래를 통해 아이는 리듬과 운율을 배우고 단어와 문장까지 배울 수 있다. 아이의 흥미에 딱 맞는 영어 재료를 찾으려면 다양한 영어 자료를 이것저것 투입해봐야 한다. 그러다 보면 아이가 "제발 영어 좀 들려줘요" 하고 애걸하는 순간이 오게 되고, 영어 노래를 흥얼거리고 티셔츠에 있는 영어 단어를 갑자기 읽어내고 서서히 영어책을 스스로 찾아 읽는 모습을 발견하게 된다. 그저 이렇게 많이 들려주는 것만으로도 아이의 두뇌 속에 영어두뇌가 자리잡을 수 있다.

# 영어두뇌 만들기 두 번째 비밀

## : 소리 내 읽기 (Read Aloud)

아이가 영어를 충분히 많이 들었다고 판단이 됐다면 영어두뇌 만들기 두 번째 단계로 나가볼까? 영어두뇌 만들기 비법은 편의상 4개로 나눠놓았을 뿐 계단을 밟듯 단계에 올라서거나 명확히 구분할 수는 없다. 또한 소리 내 영어책을 읽어주는 행위 자체가 아이가 영어 소리에 익숙하게 해주는 가장 좋은 방법이기도 하다. 소리 내 읽기는 2가지로 나눠볼 수 있다. 첫 번째는 부모가 아이에게 소리 내 책을 읽어주거나 영어 CD, 영어 DVD 등을 들려주는 경우다. 두 번째는 아이가 직접 책을 소리 내 읽는 경우다. 첫 번째 상황은 주로 '듣기'에 연결되고 두 번째 경우는 '듣기·말하기·읽기'와 함께 관련된다.

## 소리 내 읽기가 중요한 이유

책을 사거나 빌릴 수 있는 여유만 있다면 우리 아이들에게 부모가 해줄 수 있는 최상의 영어교육은 우리말과 영어로 책을 소리 내 읽어주거나 읽게 하는 것이다. 소리 내 읽기야 말로 가장 쉽지만 가장 효과적인 영어 학습법이다.

### 1) 어휘력을 발달시키는 데 유용하다

부모들이 아이와 그저 일상적인 대화를 나누는 상황을 떠올려 보도록 하자. 몇 개 단어 정도면 가능한 수준일까? 흔히 '코퍼스(corpus)' 또는 '말뭉치'라고 불리는 언어 데이터베이스 자료를 분석해보면 일상대화의 99%는 불과 2,000개 이내의 단어로 이뤄진다고 영어 어휘 전문가들은 말하고 있다. 다시 말해 하루 종일 영어로 대화하더라도 그저 일상적인 대화뿐이라면 우리 아이의 미래를 위해 필요한 수준 높은 단어에 접할 확률이 매우 낮다는 뜻이다. 여러분이 부모님이나 오랜만에 만난 친구들과 나누는 허물없는 대화를 떠올려보면 된다.

그렇다면 아이가 어떻게 일상적인 어휘를 넘어서 수준 높은 단어를 접하게 할 수 있을까? 바로 책이다. 책 속에는 수만 단어 수준의 고급 어휘들이 가득하다. 게다가 좋은 책 속에서 사용된 단어들은 언어 전문가들의 세심한 손길을 여러 단계 거치며 검증받은 양질의 것들이다. 책 속의 글을 통해 얻을 수 있는 단어의 양과 질은 일상 대화를 통해 접할 수 있는 단어의 양과 질에 비교할 수 없을 정도로 좋다.

우리나라에서 영어를 배우는 아이들은 결국 책이나 잡지, 논문 등에 있는 영어 문장을 읽고 경제나 외교적 목적으로 발표하고 회의하며 높은 품질의 글을 쓰는 것을 목표 도착점으로 삼을 때가 많다. 이를 위해서는 양질의 어휘를 가급적 많이 익히는 것이 필수적이다. 일반적인 지능 검사에 국어 어휘력 항목이 대개 들어가는 것에서 알 수 있듯이 아이가 이해하고 표현할 수 있는 어휘의 양과 지적인 수준은 정확히 비례한다. 풍부한 어휘력을 갖춘 아이는 깊이 있는 사고를 할 수 있고 깊게 사고할 줄 아는 아이는 대학수학능력시험이 측정하고자 하는 기준을 어렵지 않게 넘어설 수 있다. 대학수학능력시험은 단순한 지식을 암기하고 있느냐 보다 깊고 넓게 생각하는 능력을 갖추고 있는지를 평가하는 것을 목적으로 하기 때문이다.

처음엔 부모가 좋은 우리말 및 영어책을 골라 소리 내 읽어 주는 것에서부터 영어두뇌 만들기의 마법은 시작된다. 국어책 속의 단어들을 읽고 이해할 수 있어야만 영어로도 새롭고 어려운 어휘들을 익히는데 지장이 없으므로 아이를 위해 골라주는 영어책은 현재 아이가 즐겨 읽는 우리말 책보다 어휘 난이도가 낮은 것이 좋다. 그래야 영어책에 담긴 개념을 아이가 어렵지 않게 흡수할 수 있기 때문이다. 부모가 직접 영어책을 읽어주기 곤란하다면 CD나 DVD를 이용해서 들려주는 것도 괜찮다.

### 2) 부족한 영어 사용 기회를 만회할 수 있게 한다

영어책을 소리 내 읽는 것은 영어 사용 기회가 적은 우리 학생들이 가장 손쉽고 효과적으로 영어를 사용해보는 경험을 줄 수 있다. 2018년 평창 동계올림픽을 유치하기 위한 우리나라의 최종 발표에서 유창하고 격조 있는 영어 및 불어 실력으로 세계를 감동시킨 나승연 대변인은 뛰어난 외국어 실력을 갖게 된 비결을 묻는 기자의 질문에 이렇게 답변했다.

"대학에서 불어를 전공했는데, 통역대학원도 다니지 않았습니다. 어릴 때부터 책을 소리내서 읽는 버릇이 있었는데 그게 큰 도움이 되었어요. 오랫동안 이런 습관이 붙다 보니 외국어에 익숙해진 것 같습니다. 외국에 가서 공부한다고 다 잘되는 것은 아닌 만큼 영어로 말을 할 수 없으면 소리내서 읽는 것을 꾸준히 해야 합니다. 영어 방송이나 드라마, 영화 등을 보면서 그 사람에 대한 흉내를 내는 것도 한 방법이에요. 좋아하는 사람의 스타일을 따라서 하는 것도 필요합니다."

각 신문사와의 인터뷰에서 본인의 외국어 실력에 대해서 겸손한 반응을 보였지만, 나 대변인의 프레젠테이션을 시청해본 경험이 있다면 그녀가 지적하는 영어 비결이 상당한 무게감으로 다가올 것이다. 그녀는 외교관인 아버지를 따라 어린 시절부터 각국을 돌아다니며 외국어를 배웠다. 고등학교 시절에 우리나라로 귀국했던 경력을 가지고 있지만 그녀가 말하는 영어 잘하는 비결은 너무도 단순 명료하며 그저 영어책을 소리 내 읽는 것일 뿐이다.

인터뷰 내용에서 언급됐듯 외국에 가서 공부한다고 자동으로 외국어를 잘하게 되는 게 아니다. 한국의 많은 유학생들이 한국 학생끼리만 생활하다가 영어는 배우지도 못하고 돌아오는 경우도 종종 있다. 영어 사용권 국가로 어학연수나 유학을 간다고 해서 자동으로 영어를 잘하게 되는 것이 아니다. 스스로 영어를 입으로 말해볼 기회를 만드는 노력을 적극적으로 나서서 해야 한다. 자꾸 영어를 말해봐야 실력이 늘 수 있다. 하물며 영어권 국가에서 태어나지 않은 우리 아이들이 영어를 말해볼 기회가 얼마나 되겠는가? 영어책을 소리 내 읽는 것은 외국어로서 영어를 배우는 우리 학생들이 부족한 영어 사용 기회를 만회할 수 있는 가장 손쉽고 효과적인 방법 중 하나다.

### 3) 두뇌를 광범위하게 활성화한다

두뇌의 언어 처리 과정을 살펴보자. 그림은 사람의 두뇌를 왼쪽에서 바라본 모습으로서 대뇌 좌반구의 표면에서 언어가 처리되는 과정이 간략하게 묘사되어 있어 임상적으로 가장 많이 사용되어 온 '베르니케–게슈빈트 모델'을 보여주고 있다. 언어는 인간의 두뇌에서 훨씬 복잡한 과정을 거쳐 처리되지만 이 그림은 그 과정을 극히 간략화해 표현한다.

이 그림에서 잘 알려진 부위는 베르니케 영역(Wernicke's area)과 브로카 영역(Broca's area)인데 이 두 곳은 각각 언어의 이해와 표현을 담당하는 것으로 알려져 있다. 베르니케 영역의 왼편에는 귀에서 들어오는 소리를 처리하는 청각피질(auditory cortex)이 있고 브로카 영역의 위

: 전통적 대뇌 언어 처리 모형

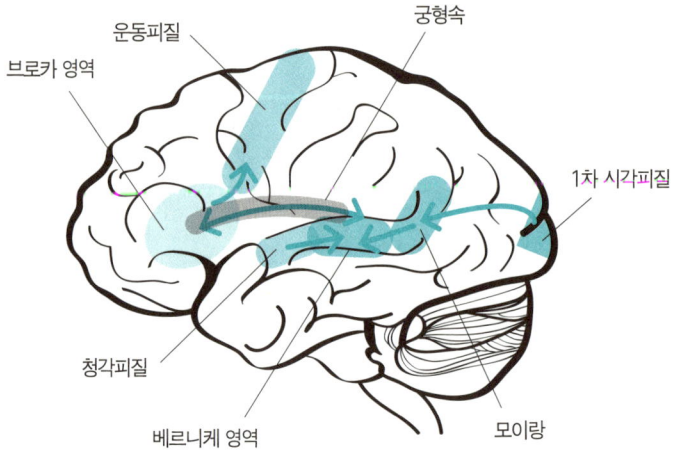

베르니케-게슈빈트 모델

쪽에는 몸의 근육을 움직이는 명령을 내리는 운동피질이 길게 자리하고 있다. 후두엽이라고 불리는 뒤통수의 대부분은 시각적 정보를 처리하는 시각피질이며 눈을 통해 뇌로 들어가는 신경 신호가 일단 1차 시각피질(primary visual cortex)로 들어간 다음 그 종류에 따라 별도의 처리 부위가 이어서 가동된다. 눈으로 들어간 시각적 정보는 단순한 물체일 수도 있고 좋아하는 사람일 수도 있고 복잡한 글자일 수도 있는데 각각의 정보를 처리하는 시각피질의 위치가 다르지만 이 그림에는 그 차이가 포함되어 있지는 않다.

예컨대 아이가 "Once upon a time, there lived a girl named Dorothy"라는 문장을 소리 내 읽고 있는 상황을 생각해보자. 먼저 책을 눈으로 읽고 있으므로 1차 시각피질이 활성화되고 청각피질에 저장된 단어 읽기 관련 정보와 베르니케 영역을 통해 읽은 문장을 이해하려 할 것이다. 각회, 또는 모이랑(angular gyrus)에서 각종 언어 정보가 수집된 다음 궁형속(arcuate fasciculus)이라는 거대한 신경 다발로 이뤄진 신경 고속도로를 타고 각종 정보가 브로카 영역 등으로 이동한다. 표현을 담당하는 브로카 영역과 그 근처에는 글자를 소리 내 읽도록 해주는 음성 정보가 함께 저장되

> **칼 베르니케(Carl Wernicke)**
> 독일의 신경의학자. 그는 유창하게 말하는 것 같지만 의미 없는 단어를 나열하는 사람들을 보고 대뇌 피질의 새로운 언어 중추를 발견했다. 이를 베르니케 영역이라 부르며 단어의 소리와 의미를 연결하는 역할을 한다.

> **폴 브로카(Paul Broca)**
> 프랑스의 외과의사. 좌뇌의 전두엽에서 언어의 표현을 담당하는 부위를 밝혀냈다. 이 브로카 영역이라 부르는 부분이 손상되면 명사는 옳게 사용하지만 동사, 접속사 등의 문법적 단어 사용에 문제가 생긴다. 이를 브로카 실어증이라 한다.

어 있는데, 브로카 영역은 바로 위에 있는 운동피질에 명령을 내려서 목과 입 등을 움직여 말소리를 내도록 한다. "Once upon a time, there lived a girl named Dorothy"를 읽은 아이의 목소리는 다시 아이의 귓속으로 들어가서 청각피질로 전달되고 아이는 제대로 읽고 있는지 순간적으로 판단을 내리며 실시간으로 발성을 조정한다. 스스로 소리 내 읽으면 '말하는 자가 최초의 듣는 자'가 되어 자기가 어떻게 말하는지를 순간적으로 계속 판단한다.

자전거 타는 법을 처음 배울 때는 온갖 신경이 곤두서야만 타는 법을 제대로 배울 수 있다. 새로운 언어를 배울 때에도 가능하면 다양한 언어 관련 두뇌 영역을 활성화시킬수록 효과적이다. 이 목적을 달성하기 위해서는 쉽지만 큰 성과를 기대할 수 있는 방법이 소리 내 읽기다. 자전거 타기에 능숙해지면 자전거를 타면서 동시에 음악도 듣고 다른 생각도 할 수 있게 되는 것처럼 아이는 서서히 소리를 내지 않고 눈으로만 빠른 속도로 글을 읽을 수 있는 자동화 수준으로 올라서게 될 것이다.

소리 내 읽기 활동은 시각, 청각, 운동 및 신체 감각을 비롯한 각종 두뇌 영역을 광범위하게 활성화시킨다. 이러한 현상은 소리 내 읽는 두뇌를 촬영한 사진을 통해 뚜렷하게 확인할 수 있다.

한 가지 재미있는 사실은 비록 소리를 내지 않고 책을 읽더라도 말을 할 때 가동되는 브로카 영역이 소리 내 책을 읽을 때와 마찬가

: 소리 내 읽는 두뇌가 활성화되는 모습 재현

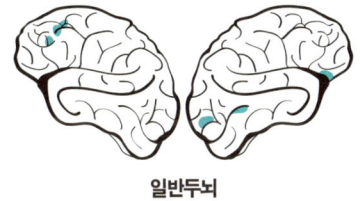
일반두뇌

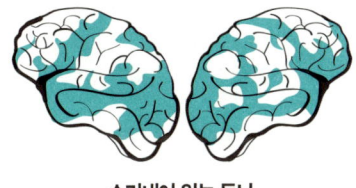
소리내어 읽는 두뇌

출처: 일본 도호쿠대학교

지로 활성화된다는 점이다. 눈으로만 책을 읽는데도 후두 근육에서 전기신호가 발생하는 현상은 브로카 영역이 해당 단어의 소리를 생성해 작업 기억에 저장하는 작업을 소리 내 읽든 아니든 실시하고 있기 때문이다.

한자에 비해 우리말이나 영어처럼 소리에 집중하는 언어인 형태음소어(morphophonemic language)일수록 소리를 처리하는 두뇌 경로가 먼저 개발되어야 글자로 직접 접근해 읽을 수 있는 단계로 자연스럽게 나아갈 수 있다. 그러므로 소리 내 읽기는 영어를 익히기 위해 반드시 거쳐야 할 필수적 과정이라 할 수 있다.

### 4) 영어는 같은 단어도 다르게 발음할 수 있다

영어는 언어 자체가 소리를 내서 읽어줘야 말과 글이 연결되는 독특한 언어다.

표를 보면 언어별로 사용되는 음소의 개수와 각 음소를 철자법으로 표현하는 방법이 비교되어 있다. '음소'는 앞서 설명했듯이 '낱말의 뜻을 다르게 만드는 소리의 최소 단위'를 말한다. 예를 들어 '발'과 '팔'은 첫째 음소 'ㅂ'과 'ㅍ'의 차이만으로 완전히 다른 단어가 된다. 그렇다면 표에 있는 언어 중에 글로 써놓은 것을 읽거나 말소리를 글로 쓰기에 가장 편한 언어는 무엇일까?

정답은 이탈리아어와 스페인어다. 두 언어에서 사용되는 음소의 개수는 34개 정도인데 그것을 글로 철자하는 방법은 음소의 개수와 별로 차이가 없기 때문이다. 우리말로 빗대어 보자면 '기다'라고 소리나는 낱말을 글로 표현하는 방법은 '기다'뿐인 상황과 비슷하다고 보면 된다. 그래서 이탈리아어와 스페인어는 기본적인 규칙 몇 개만

: **'미친' 영어 철자법**

| 언어 | 음소 개수 | 철자하는 방법 |
|---|---|---|
| 이탈리아어 | 33 | 25 |
| 스페인어 | 35 | 38 |
| 프랑스어 | 32 | +250 |
| 영어 | ±42 | +1,100 |

출처: Sousa. (2006)

익히면 뜻은 몰라도 누구든 곧바로 읽을 수 있다. 프랑스어는 32개의 음소를 250개 이상의 방법으로 문자화하므로 읽기 어려운 언어에 속하며 영어는 42개 정도의 음소를 글로 옮기기 위해서는 자그마치 1,100가지 이상의 철자법을 요구하는 언어로서 과연 영어 철자법은 "미쳤다"고 탄식할 만하다.

영어는 오랜 세월동안 그리스어, 라틴어, 독일어, 프랑스어, 네덜란드어 등은 물론 영국 제국주의 시대를 거치면서 동남아, 인도, 중국, 일본의 단어들을 도입했기 때문에 세상에 존재하는 어떤 언어 보다도 다양한 철자법을 가지게 된 국제어가 됐다. 대략 40여개 음소를 가진 우리 한글도 만만치 않아서 '빋'이라고 소리나는 낱말의 철자법이 '빗', '빚', '빛'으로 다양한 편이지만 영어는 세계 각처의 언어가 오랜 역사를 거치며 뒤섞이면서 끔찍할 정도로 복잡한 철자법을 갖게 됐다. 사실 글자로 적어놓았을 때 읽지 못하는 한글 낱말은 거의 없지만 영어는 글로 써놓아도 읽기 어려운 상황이 자주 생긴다. 가령 뇌 가소성에 대한 연구로 유명해진 'Merzenich' 박사의 이름을 '머제니치'나 '메르제니히'로 읽어야 하는지 '머제니크'로 읽어야 하는지 본인이나 지인한테 직접 물어보지 않는 한 분명히 결정할 수 없다 (2017년에 직접 만나 물어보니 '머제니크'로 읽어 달라고 하셨다). 영화 〈이보다 더 좋을 수 없다〉를 보면 멜빈한테 감사편지를 쓰던 캐롤이 'conscience(양심)'라는 단어를 사전에서 찾아보면서 '콘—사이언스'가 아니라 왜 '컨

션스'라고 읽어야 하는지 이해할 수 없다며 분통을 터뜨리는 장면이 나오는데, 철자와 발음 사이의 불일치가 영어에서는 매우 보편화된 현상임을 잘 드러내준다. 영어 텍스트를 1분 동안 소리 내 읽는 모습만 관찰해도 상당히 정확하게 영어 실력을 가늠할 수 있다. 영어는 많이 듣고 많이 소리 내 읽어야 말과 글이 연결될 수 있는 까다로운 언어이기 때문에 소리 내 읽기를 절대 소홀히 할 수도 없고 소홀히 해서도 안 되는 것이다.

### 5) 읽기 능력과 말하기 능력을 상승시킨다

위와 같은 이유로 인해 소리 내 읽으면 유창한 영어 읽기와 말하기 능력을 더 빠르게 발달시킬 수 있다. 단어에 대한 청각적 표상을 정확하면서도 빠른 속도로 두뇌 속에 새겨 넣어주기 때문에 크게 소리 내 읽으면 읽기 능력과 말하기 능력 발달이 가속화된다. 소리 내 읽기 활동을 통해 문자와 발음이 분명히 연결될 때 영어 단어가 우리말 단어처럼 머릿속에 분명히 표상되고 여타 관련 의미를 이해하는 것이 용이해질 뿐만 아니라 기존의 단어 창고에 새로운 정보를 저장하는 효율도 극적으로 향상된다. 소리 내 읽기를 해줘 아이의 듣기 능력이 단단히 갖춰지면 자연스레 읽기 능력으로 넘어간다. 모든 아이들은 이런 식으로 모국어와 모국어 문자를 익힌다.

부모가 평소 꾸준히 소리 내 책을 읽어줘서 말 소리에 익숙해진 아이는 소리와 문자를 매우 빠른 속도로 연결시킬 수 있다. 그렇기 때문에 한글 자모법칙과 '글자―소리' 대응관계를 불과 몇 주에서 몇 달이면 터득할 수 있다. CD나 DVD 등으로 영어 소리에 익숙하게 된 아이들도 영어책을 읽어주는 소리에 자연스럽게 호응하기 마련이고 귀에 친숙한 단어는 그렇지 않은 단어보다 훨씬 쉽고 빠르게 읽을 수 있게 된다. 부모의 정다운 음성으로 그림이 많이 들어 있는 영어책을 매일 읽어주면 아이가 스스로 읽는 법을 물어보기도 하고 직접 읽어보겠다고 적극적으로 나서기도 하게 마련이다. 우리말과 글을 이렇게 익히는 것이 가장 자연스러운 방법이다. 또한 어린 나이에 외국어인 영어를 배우는 아이의 경우에도 마찬가지다.

옛날에는 글을 여러 사람이 같이 읽든 혼자서 읽든 소리 내는 것이 당연시됐고 구술 언어 중심의 문화가 보편적인 시대였다. 라틴어나 한자책, 조선시대 한글의 경우에서 볼 수 있듯 불과 얼마 전까지도 문자 기록에서 띄어쓰기가 이뤄지지 않았었기 때문에 소리 내 읽지 않고서는 글의 의미 단위를 파악하기가 대단히 어려웠다. 구술 언어 중심의 문화에서는 언어 정보를 기억에 의존해 전달한다. 그래서 소리 내 읽는 과정은 문자 연속의 뜻을 이해하는 것에 더해 기억 증진 효과까지 있으므로 자연스럽게 널리 채택됐다. 과거 몇 날 며칠이 걸리는 엄청난 분량을 암송해내는 사람이 존재할 수 있었던 비결은 소리 내 읽었기 때문이다. 부모가 소리 내 책을 읽어주면 자연스럽게 의미 단위로 끊어 읽어주고 문자로 전달할 수 없는 감정까지도 담을 수 있기 때문에 부모가 소리 내 읽어준 시간이 긴 아이일수록 더 빨리 읽기 능력을 갖게 된다. 특히 영어는 우리말에 비해 리듬과 강세가 두드러지는 언어이므로 영어 소리에 접하는 것이 더욱 중요하다.

글을 빨리 읽으려면 소리를 내지 말고 읽어야 한다는 주장도 있지만 이것은 소리 내 읽기를 통해 소리 회로가 든든히 갖춰진 다음에 해당한다. 달리려면 먼저 걸어야 하듯 음독 다음에 묵독이 이어져야 자연스러운 외국어 발달이 가능함을 절대 잊어서는 안 된다. 이 순서를 무시하면 지금 당장은 아니더라도 언젠가는 실력이 더 이상 나아지지 않는 정체기에 빠져들게 된다. 부모가 소리 내 글을 읽어주고 아이가 직접 소리 내 글을 읽는 것은 음성 언어와 문자 언어 사이의 관계를 부각시킨다. 그러므로 소리 내 읽기는 나이에 관계없이 특히 읽기를 배우기 시작했거나 실력이 제자리에 머물러 있는 학습자들이 향후 스스로 읽기 독립을 할 수 있도록 인도하는 필수 코스다.

### 6) 언어를 표현하는 두뇌를 계발한다

모국어냐 외국어냐에 따라 우리 두뇌 속에서의 언어 처리가 어떻게 달라지는가에 관한 흥미로운 연구 결과를 살펴보자. 미국 코넬대학교 의과대학 연구팀이 세계적인 학술지인 〈네이처〉에 발표한 내

: 모국어와 외국어의 브로카 영역 표상 차이

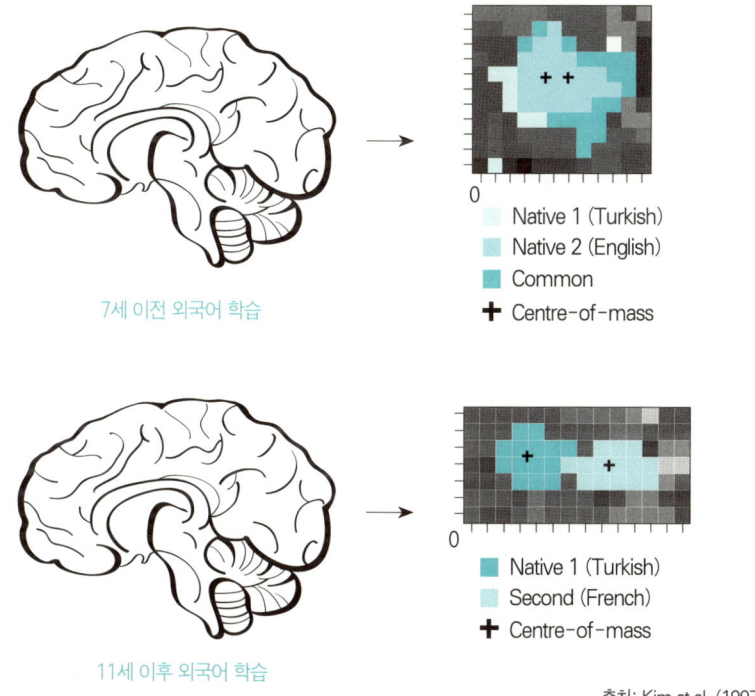

출처: Kim et al. (1997).

용이다.

위쪽 그림은 7세 이전부터 영어를 익히고 배운 학습자의 브로카 영역에 새겨진 모국어와 영어 회로를 fMRI 장비로 찍은 영상을 확대한 것이다. 아래쪽 그림은 11세 이후에 외국어를 배운 학습자의 브로카 영역 회로 영상을 확대한 것이다. 위쪽 실험참가자는 어린 시절부터 모국어(터키어)와 영어에 모두 유창했기 때문에 브로카 영역에서 두 언어가 처리되는 회로가 대부분 겹쳐 있어 거의 차이가 보이지 않는다. 그러나 아래쪽 실험참가자의 브로카 영역에서는 모국어(영어)와 외국어(프랑스어)를 처리하는 부위가 완전히 분리돼 있다.

브로카 영역은 언어를 말이나 글로 표현하는 역할을 주로 맡는다. 브로카 영역에서 모국어와 외국어를 처리하는 영역이 별도로 되어 있다는 것은 모국어에 비해 외국어가 유창하지 못해 불편함을 느끼고 있다는 뜻이다. 그런데 같은 학습자의 베르니케 영역에서는 모국어(영어)와 외국어(프랑스어) 회로가 거의 겹쳐있다는 점이 흥미롭다. 이렇게 베르니케 영역에서는 모국어와 외국어가 처리되는 부분이 겹쳐 있지만 브로카 영역에서는 처리 영역에 차이가 있는 현상이 실험참가자 모두에게서 공통적으로 관찰됐다.

: 모국어와 외국어의 베르니케 영역 표상

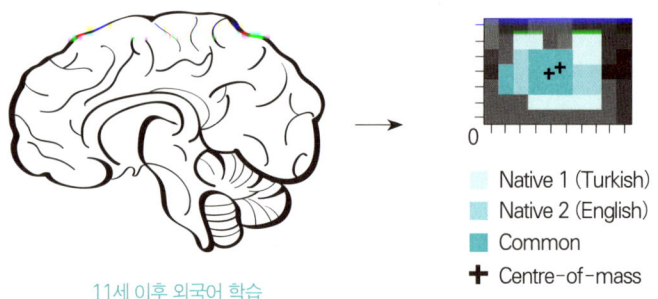

11세 이후 외국어 학습

Native 1 (Turkish)
Native 2 (English)
Common
✚ Centre-of-mass

출처: Kim et al. (1997).

베르니케 영역은 언어의 이해를 담당하는 곳이므로 위 학습자가 외국어를 이용해 말로 표현하는 데는 불편함을 겪고 있지만 모국어든 외국어든 귀로 듣거나 글로 읽어서 이해하는 데 별 문제가 없다는 뜻으로 해석할 수 있다. 영어로 된 글을 읽고 이해하는 능력은 뛰어나도 영어로 자기 의견을 표현하는 데는 미숙한 대다수 우리나라 학생들을 떠올려보면 위 내용이 쉽게 이해될 것이다. 영어에서도 우리말과 동일하거나 거의 비슷한 브로카 영역을 동원할 수 있는 방법은 단 2가지뿐이다. 영어와 우리말을 엄마 뱃속에서부터 일상적으로 접하든지 아니면 열심히 소리 내 읽기를 하여 브로카 영역을 끊임없이 자극하는 것이다. 첫 번째 방법은 특별한 상황이 아니라면 우리나라 아이들에게 해당되기는 어렵다. 실현 가능성이 높은 것은 두 번째 방법이다.

### 7) 경제적인 부담이 없다

소리 내 읽는 데는 그리 돈이 들지 않는다. 2002년 미국 대학입학자격시험(ACT)에서 만점을 받아 100만 명이 넘는 미국 전역 응시생 중 전체 58등을 차지한 아이가 있었다. 이름은 크리스토퍼 윌리엄스였는데 당시 인구가 3,645명에 불과했던 켄터키 주의 러셀이라는 조그마한 마을 출신이었다. 2011년 통계 기준으로 160만 명이 넘는 응시자 수를 자랑하며 SAT 수험생 수를 훨씬 능가하는 ACT 시험에서

한 시골 소년이 만점을 받았다는 소문이 퍼져나가자 "도대체 어떤 특별한 준비를 시켰느냐?"는 질문이 기자들로부터 쏟아졌다. 그런데 부모의 대답은 너무도 간단했다.

"어떤 ACT 대비 과정도 수강시킨 적 없고 개인지도도 해준 적 없습니다. 다만 그 아이가 유아일 때부터 10대 청소년이 될 때까지 매일 밤 30분씩 책을 읽어줬을 뿐이에요."

윌리엄스의 집에는 흔한 잡지도 파닉스 책도 없었지만 온갖 종류의 다른 책들이 집을 가득 메우고 있었다. 미국에서는 대학 입학 자격 고사인 ACT나 SAT 시험을 대비하는 사교육 프로그램으로 시간당 30만 원이 넘는 고액을 쏟아 붓는 경우도 많다. 우리나라 실정도 이보다 더하면 더했지 결코 덜하지 않다. 고가의 입시 과외, 지루한 학습지나 문제집 풀이에 우리 아이의 소중한 시간과 부모의 등골이 휠 정도로 엄청난 돈을 들이 붓고 있다. 이런 사교육 대신에 아이가 어릴 적부터 일정 시간 매일 책을 읽어주고 아이가 좋아하는 책을 즐겁게 읽도록 환경을 만들어주는 것만으로도 입시는 물론 인생에서 성공할 가능성이 극적으로 올라간다.

짐 트렐리즈가 소개한 통계를 보면 책에 대해 높은 흥미를 갖고 있는 아이의 76.8%는 부모가 매일 책을 읽어줬지만 책에 별 관심이 없는 아이의 부모 중 매일 책을 읽어준 경우는 겨우 1.8%였다고 한다. 엄마가 여가 시간에 책읽기를 취미로 하는 경우 78.6%의 자녀가 책에 대한 관심이 높지만, 책에 대한 관심도가 낮은 아이 중 엄마가 독서를 즐기는 경우는 30%를 넘지 못했고 아빠가 독서를 즐겨하는 경우는 15.8%에 불과했다. 책에 높은 흥미를 가지면 생각하는 힘이 강해지고 깊게 생각할 줄 아는 아이는 학교에서 높은 성취도를 보이며 학교에서 높은 성취도를 경험한 아이는 자신감 있게 사회생활을 하기 마련이다. 그리고 세상에 존재하는 지식의 95% 이상이 영어로 되어 있다. 아이가 원하는 일을 하며 행복하게 살기를 바란다면 지금이라도 우리말과 영어로 소리 내 책을 읽어주는 부모가 되면 된다.

### 8) 소리 내 읽는 동안 아이와 교감할 수 있다

부모가 아이에게 책을 읽어주면 소중한 지식과 경험을 공유하게 되므로 그 어떤 것과도 바꿀 수 없는 깊은 정서적 교감을 부모와 아이가 나눌 수 있다. 이야기책은 재미있다. 재미있는 이야기책을 읽어주면 아이는 기대감에 휩싸이게 된다. 책 내용 때문이기도 하지만 책을 읽어주는 동안 부모가 자기에게만 전적으로 관심을 기울인다는 사실을 알기 때문에 아이는 기대감에 가슴이 부풀어 오른다.

한 살 밖에 안 된 아기도 책을 읽어주는 엄마와 아빠에게 소리를 내며 반응하며 함께 하는 교감을 즐긴다. 더 나아가 함께 책을 읽으면 부모와 아이가 대화할 수 있는 고급 소재를 공유할 수 있다. 아이는 읽어서 알고 있지만 부모가 그 내용을 모르면 아이는 책 속에서 읽은 것이 현실에서는 쓸모가 없다고 느낀다. 공통의 관심사가 있으면 부모와 자식끼리만 아는 '비밀'이 쌓이게 될 것이고 이로 인해 생겨나는 견고한 유대감은 아이가 평생 간직하며 살아갈 언어 유산이 된다.

생텍쥐페리의 《어린왕자(The Little Prince)》에 보면 지구에 온 어린왕자가 잠시 충격에 빠지는 장면이 나온다. 어린왕자가 살던 꼬마 소행성 B-612에는 도도한 장미가 단 한 송이 있을 뿐인데 지구에 왔더니 집 앞 정원 한 곳에만도 수천 송이의 장미들이 가득했기 때문이다. 세상에 단 하나뿐인 줄 알았던 장미가 알고 보니 그저 수많은 장미들 가운데 하나일 뿐인 평범한 존재였다는 사실에 망연해진 어린왕자는 앉아서 울었다. 어린왕자와 친구가 된 여우가 어디선가 나타나 사람들이 잊고 지내는 진리를 말해준다.

"네 장미가 그토록 중요한 존재가 된 것은 네 장미에 들인 너의 시간 때문이란다(It's the time you spent on your rose that makes your rose so important)."

어린왕자가 수천 송이의 장미들에게 다가가 다음과 같이 당당히 말하자 수천 송이의 예쁜 장미들 모두가 겸손히 고개를 숙인다.

"너희들은 예쁘긴 하지만 내겐 공허한 존재야. 누구도 너희를 위해 죽지 않을 거야. 물론 지나가던 사람이 보면 내 장미가 너희 장미들과 다를 바가 없겠지. 하지만 내 장미, 오직 나만의 장미는 너희들 모두를 다 합친 것보다 소중해. 왜냐하면 내가 물을 준 건 오직 그 장미뿐이거든. 내가 유리 상자 안에 넣어준 것도 그 장미뿐이고, 막을 쳐서 보호해준 것도 오직 그 장미뿐이고, 나비로 변하라고 살려둔 두세 마리를 제외하고는 애벌레를 잡아준 것도 오직 그 장미뿐이야. 불평할 때나 자랑할 때도, 또 아무 말도 하지 않아도 내가 들어준 건 그 장미뿐이야. 내 장미이기 때문이지."

아이를 꼭 끌어안고 보내는 시간이 얼마나 되는가? 아이를 보듬고 아이의 가슴 속에 어떤 스토리를 심어주고 있는가? 평생 아이가 간직할 이야기를 읽어주며 아이와 함께 보낸 시간이 많을수록 아이와 부모는 평범한 관계를 넘어 서로에게 둘도 없는 특별한 존재가 된다. 언제까지 아이에게 시간이 없다는 핑계만 대고 있을 것인가?

## 소리 내 읽어주는 10가지 방법

몇 년 전에 세계적으로 유명한 영어교육 관련 학자들이 한 자리에 모인 적이 있다. 영어교육계의 논문을 집대성한 저서를 쓴 로드 엘리스(Rod Ellis), 영어 평가론의 석학 라일 바크만(Lyle Bachman) UCLA 교수, 다독 관련 연구와 다독 교재 집필로 오랜 기간 활동해 온 하와이 대학교 교수 리처드 데이(Richard R. Day)가 강사 및 토론 패널이었다. 하루 내내 이어진 세션들에서 각자 강의를 마치고 학자들이 나란히 앉아 질문에 답하는 시간이 마지막으로 마련됐다.

"어떻게 하면 영어를 잘 가르치고 배울 수 있느냐?"는 한 청중의 질문에 로드 엘리스가 대표로 이렇게 대답했다.

"세 가지 방법이 있습니다. 아이들에게 읽어주고, 읽어주고, 읽어주세요. 그 어떤 학자도 여기에 반론을 제기하지 못할 것입니다."

엄청난 양의 영어교육 논문들을 검토하고 평가해 종합해본 그가 내린 결론은 한 단어였다.

"읽어주세요(Read)."

옆에 앉아 있던 바크만 교수도 고개를 끄덕였고 리차드 데이 교수도 적극 동의했다. 소리 내 읽어주는 법은 원칙적으로 간단하다. 아이를 무릎에 앉혀놓고 하루에 일정 시간 읽어주면 된다. 부모가 영어로 읽어줄 수 있는 상황이 아니면 CD나 DVD를 틀어주고 옆에서 지켜봐 주면 된다. 물론 부모가 열심히 공부해서 직접 영어로 읽어줄 수 있다면 더할 나위없는 효과를 보게 될 것이다. 부모의 발음이 정확하지 않다고 걱정할 필요도 없다. 오디오 매체를 통해 정확한 영어를 함께 투입해주면 아이들은 부모의 발음과 비교해서 정확한 발음 쪽을 골라 익힐 수 있다.

그렇다면 어떻게 소리 내 읽어 줄까? 실제적인 방법에 관해서는 호주의 유명 동화작가이자 읽기 컨설턴트인 멤 폭스(Mem Fox)가 제안한 내용을 중심으로 소개한다.

### 1) 감정을 담아 읽어라

영어에 별로 접해본 적이 없는 아이라도 목소리에 담긴 감정은 쉽사리 알아챌 수 있다. 밋밋하게 기계적으로 읽는 것보다 눈과 입에 감정을 담아서 정성을 다해 읽자. 그럴수록 아이는 읽기에 몰입하고 부모의 감정을 모방해 읽는 '시늉'을 한다. 일단 아이가 읽는 체한다면 영어 독서교육은 이미 성공 궤도에 진입한 것이다.

감정을 싣는다고 해서 우스꽝스러울 정도로 과장하라는 뜻은 아니다. 크기, 높낮이, 빠르기, 멈춤 등을 상황에 따라 자연스레 활용하면 된다. 특히 이야기의 시작 부분은 극적으로 길게 늘여서 들어가고 끝부분도 긴 호흡으로 드라마틱하게 끝내주면 이야기 시작과 끝을 아이에게 알릴 수 있어 좋다. '자, 이제 시작이야'와 '이제 아쉽지만 끝이구나'라는 신호를 주는 것이다. 감정이 담긴 책읽기에 오래 노출된 아이는 문자의 소중함을 마음 깊이 새기게 된다. 지금 당장 시험해보자. 아이의 호기심어린 눈길이 활짝 미소 지으며 당신을 향해 반짝이기 시작할 것이다.

### 2) 시간과 장소를 정해라

아이는 예측 가능한 삶에서 안전감을 느끼며 동일한 일상의 반복에서 편안함을 느낀다. 그러므로 일정한 시간대에 같은 곳에서 같은 쿠션에 기대거나 같은 장난감이나 인형을 안기고 습관처럼 책을 읽어주는 것이 좋다. 아이는 활동 반경은 좁지만 그 반경 속에서 최대한 움직이고 주변을 탐색하므로 하루 중 가장 좋은 시간대는 잠자리에 들어갈 때다.

잠 잘 준비를 마친 상태라면 아이는 편안하게 엄마와 아빠의 목소리를 들으면서 '내가 엄마 아빠 삶의 중심'이라고 느끼며 이야기에 몰입하기 마련이다. 아이를 꼭 안아주고 오디오에서 흘러나오는 영어 이야기를 함께 들어주는 것도 좋다. 아침에 일어나자마자 영어 노래로 소리를 들려주면 하루를 시작하는 의식으로 만들어줄 수 있다. 아이가 잠에서 깨면 스스로 오디오 기기를 켜게 되는 때가 온다.

어쨌든 중요한 것은 영어 소리를 듣는 것을 습관화하는 것이다. 물론 의사 진료를 기다릴 때, 친척 집에 놀러갔을 때, 식당에서 주문한 요리가 나오길 기다릴 때 등 아이가 원할 때는 하루 중 언제든 읽어주고 들려주도록 노력해야 한다.

### 3) 책 선택의 원칙을 세우자

그날그날의 책 선택에는 원칙을 세우자. 만약 3권의 책을 읽어준다면 처음 책은 아이가 좋아하고 원하는 책, 두 번째 책은 아이가 읽어봤던 익숙한 책, 세 번째 책은 새로운 책의 순서로 읽어주는 것을 추천한다. 언급한 대로 아이는 예측 가능한 삶에서 안전감을, 동일한 일상의 반복에서 편안함을 느끼므로 좋아하는 책만 반복해서 읽어달라고 조르기 쉽다. 아이가 원하는 것을 먼저 해주고, 원하도록 유도하고, 새로운 경험에 접하도록 안내하는 방식이다.

### 4) 반복해서 읽어줘라

여러 번 읽어달라고 해도 짜증내지 말자. 아이가 지치지도 않고 "또, 또~"하면서 같은 책을 읽어달라고 하면 어른들은 지칠 수밖에 없지만 이렇게 반복하는 것이야말로 아이가 새로운 언어를 익히는 비결이고 곧 사라지는 잠시의 축복이다. 아이는 반복에서 편안함을 느끼므로 좋아하는 책은 아무리 많이 읽어줘도 충분하지 않다. 충분히 반복했다면 부모의 목소리나 CD의 말소리와 함께 아이의 눈과 손이 텍스트를 따라가도록 해주면 더욱 좋다.

### 5) 책 내용으로 시험보지 마라

아이가 읽은 것을 제대로 이해했는지 자꾸 확인하며 채근해서는 안 된다. '독서 골든벨' 시험을 보려고 아이에게 책을 읽어주는 게 아니다. 아직 학교도 다니지 않는 아이에게 엄마는 엄마가 되고 아빠는 아빠가 되어야지 선생님이 되려고 해서는 안 된다. 부모가 놀아주는 사람이 아니라 가르치는 자가 되려고 하는 것이야말로 가장 피해야 할 일이다.

책을 읽어주면서 아이를 시험하여 아이가 긴장하게 해서는 안 된다. 그저 놀이로서 책읽기를 즐기도록 해주고 긴장은 약처럼 조심해서 써야 한다. 어린 시절부터 독서란 긴장과 고통이라는 인식을 갖게 되면 절대로 아이가 독서가로 성장하길 기대할 수 없기 때문이다. '최고의 작가는 많이 쓰는 작가가 아니라 많이 읽는 작가'라는 말이 담고 있는 의미를 새겨두길 바란다. 짐 트렐리즈가 매우 적절한 지적을 한 적이 있다.

"무조건 많이 쓴다고 좋은 작가가 되는 것이 아니라 좋은 글을 즐겁게 많이 읽어야만 훌륭한 작가가 될 수 있다는 점을 기억하라. 귀와 눈으로 들어가는 것이 입과 손으로 나온다."

### 6) 책 읽어주는 기쁨을 늦게까지 누려라

아이가 스스로 읽을 수 있게 된 이후라도 아이가 원하는 만큼 소리 내 읽기를 계속해주는 것이 좋다. 아이가 초등학교 고학년이 됐다고 해서 책 읽어주기를 그만 해야 하는 게 아니다. 아이가 태어난 날부터 아이가 원할 때는 언제까지고 읽어준다. 십대가 된 아이에게 책을 읽어줄 수 있다는 현상 자체가 부모에게 자녀가 선사하는 축복이며 끈끈한 애정의 증거다.

### 7) 책이 아니라도 읽어줘라

읽어주는 것이 꼭 책일 필요는 없다. 생활 속에서 쉽게 접할 수 있는 과자 포장지의 문구, 상품 카탈로그나 달력, 잡지, 길거리의 간판, 옷에 인쇄된 문구나 로고 등 활자로 된 것은 무엇이든 읽기 재료가 된다. 이런 자료를 활용하면 문자가 일상생활의 일부라는 사실을 강렬하게 심어주는 장점이 있다.

### 8) 영어 동요를 함께 불러라

동요 같은 노래를 통해 아이는 단어, 문장, 리듬, 운, 반복을 배우게 된다. 우리말에 비해 영어는 매우 음악적인 언어로서 음악처럼 리듬과 높낮이를 가지기 때문에 동요 등의 음악을 들을 줄 아는 귀를 갖고 있으면 영어 습득이 더 빠르다. 읽기 교육 및 아동 발달 전문가들은 아이가 다섯 살이 될 때까지 8개 동요를 외울 수 있는 아이는 아홉 살이 됐을 때 최고의 독서가가 되어 있을 것이라고 말한다.

### 9) 파닉스 훈련을 시켜라

파닉스 훈련을 시키는 것은 아이가 영어를 소리 내 읽도록 돕는데 단기적으로 확실한 효과를 기대할 수 있다.

첫째 아이에게 컴퓨터 프로그램을 이용해 약 2개월 동안 파닉스를 주로 하는 연습을 시키자 동생에게 스스로 영어책을 읽어주겠다고 적극 나서는 모습을 보였다. 하지만 "왜 'o'가 들어 있는데 'enough'를 '이노우프'가 아니라 '이너프'라고 읽어? 이해가 안 돼"라며 묻기도 했다. 영어 단어들의 발음은 워낙 천차만별이므로 파닉스만으로 영어 읽기 훈련을 시키는 것은 현명하지 못하다.

역시 아이가 가장 좋아하는 것은 글자(letter)도 단어(word)도 아니고 스토리(story)이기 때문이다. 스토리부터 시작하면 단어와 글자는 자연스럽게 따라온다. 멤 폭스가 말하는 바와 같다.

"일반적으로 잘 알려진 방식은 글자-단어-스토리 순서로서 파닉스와 같은 글자 수준의 교육을 먼저 하는 것이지만 그 반대 순서가 훨씬 더 효과적이다. 늘 스토리가 먼저다. 그 이유는 재미있는 이야기로 먼저 영어를 배운 아이들은 읽는 법을 배우는 것이 즐거운 활동이라고 인식하기 때문이다. 어떤 이들은 파닉스 교육이 필요 없다고 일축해버리기도 하지만 이것은 어리석은 견해다. 파닉스 규칙을 아는 것은 읽기 학습에 있어서 중요하다. 문제가 되는 것은 다른 활동은 하지 않고 파닉스로만 읽기 교육을 시작할 경우다."

### 10) 스토리를 읽어라

스토리의 힘은 강하다. 강한 힘을 가진 스토리는 두뇌 속에 때로는 영원히 간직되기도 한다. 흐름이 있고 언어적으로 수준 높은 이야기는 적절한 훈련 과정을 거치면 아무리 길어도 암기해낼 수 있다. 옛사람들 중에는 1만 5,693행이나 되는 〈일리아드〉나 1만 2,109행짜리 〈오디세이〉처럼 길디긴 장시를 며칠에 걸쳐 줄줄 외우는 구

전문학 구술자들이 있었고 지금도 그러한 능력을 자랑하고 있는 생존자들이 있다. 만일 암송하는 대상이 스토리가 아니었다면 절대 이러한 능력을 발휘할 수 없었을 것이다. 유의미한 흐름이 있는 이야기는 재미있고 재미가 있으면 아이들이 스스로 찾게 된다.

스스로 찾으면 더 많이 더 쉽게 기억한다. 이렇게 쌓인 지식과 경험이 곧 두뇌가 된다.

아이의 상황에 맞도록 위에 열거한 방법들 중 일부를 적용해보면서 각자 최적의 방법을 찾아보자. 소리 내 읽어주기의 단순한 원칙은 그저 아이를 사랑스럽게 안고서 정성을 다해 하루 수십 분씩 아이가 즐거워하는 국어 및 영어 스토리를 읽어주고 들려주는 것임을 거듭 강조하고 싶다.

# 영어두뇌 만들기 세 번째 비밀

: 듣고 따라하기
(Auditory Imitation))

우리말과 글을 배우는 방법과 비슷한 흐름으로 외국어를 익히는 것이 바람직하다. 우리가 자라며 모국어를 익힌 과정을 떠올려 보면 결코 글자부터 시작한 적이 없다. 주변에서 들려오는 말소리를 듣고, 기억하고, 따라하다가 점차 우리말에 능숙하게 되었을 것이다. 영어두뇌를 만들기 위해서 '소리 내 읽기'도 중요하지만, 텍스트를 보지 않고 영어 말소리만 듣고 따라하는 청각적 모방 활동 역시 생리학적 관점에서 바라볼 때 강력한 효과를 발휘하는 방법이다.

## 귀가 운동기관?

아기를 어를 때 위아래로 움직여주면 까르르 웃으며 좋아한다. 아이는 물론 대부분의 어른들도 놀이공원의 어른들도 놀이공원의 탈 것을 좋아한다. 놀이기구를 타며 몸이 격하게 움직일 때 느껴지는 짜릿함 때문일 텐데, 이러한 기분은 우리 귓속 깊은 곳에 있는 전정부(vestibule)가 자극되면서 일어난다.

아래 그림의 왼편부터 외이(바깥귀)—고막—중이(세 개의 작은 뼈 연쇄)—내이(달팽이관과 전정부) 순서로 사람의 오른쪽 귀가 그려져 있다. 귓

: 사람의 귀(오른쪽)

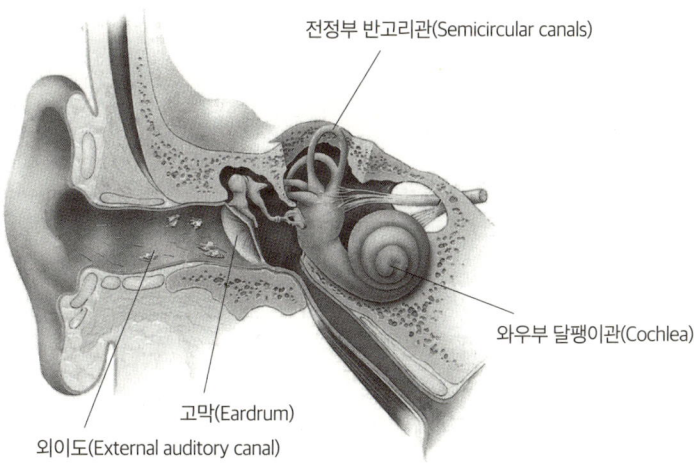

전정부 반고리관(Semicircular canals)
와우부 달팽이관(Cochlea)
고막(Eardrum)
외이도(External auditory canal)

영어두뇌를 만드는 확실한 방법

속 가장 깊숙이 자리잡은 달팽이관(cochlea)은 소리를 감지하는 세포 3,500여 개가 늘어서 들어있는 감각기관이고 전정부는 회전운동과 직선 가속운동을 감지하는 곳이다. 귀의 달팽이관과 전정부는 서로 연결되어 있다('ductus reuniens'라는 통로로 내림프액을 공유한다). 즉, 사람의 귀는 소리를 듣는 감각기관이자 몸의 움직임에 관여하는 운동기관이기도 하다. 전정부가 감당하는 가장 중요한 임무는 몸의 균형유지와 협응으로서 우리 몸속에 있는 근육 움직임 대부분과 관련된다. 특히 전정부는 척추 근육과 긴밀히 연결되어 있으므로 아이의 자세가 꾸부정하다면 전정부의 기능이 제대로 발휘되고 있지 못하다는 뜻이고 남의 말을 제대로 못 듣고 있다고 해석해도 될 정도이다. 무엇보다 전정부는 말을 자연스럽게 하는 데 있어 결정적인 역할을 하는 소뇌 등의 신경 구조물과 끊임없이 협조하기 때문에 외국어 학습에 있어서도 중대한 역할을 담당한다. 그래서 사람은 귀로 '말하고, 노래하고, 읽고, 그림도 그린다'고 해도 무리가 없다.

## 운동으로 익히는 청각적 모방('듣따')과 소리 내 읽기

달팽이관 속에 들어있는 세포도 감각세포(내유모세포)와 운동세포(외유모세포)가 별도로 존재하는 등 귀와 관련된 여러가지 생리해부학적 메커니즘에 비추어 볼 때 영어를 익히는 활동은 일종의 '운동'이라고 말할 수 있다. 그렇다면 말소리를 듣고 따라서 말하는 듣고 따라하기(듣따)와 소리 내 읽기는 어떤 차이가 있으며 어떻게 '듣따' 훈련을 하면 좋을까?

### 1) 듣고 따라하기는 모국어 습득 과정과 동일한 자연스러운 활동

엄마 아빠가 하는 말을 귀로 듣고 따라 말하면서 아이는 모국어를 익힌다. 글자는 나중에 배우게 된다. 따라서 아이가 영어를 배울 때, 듣고 따라 말하는 활동과 글을 소리 내 읽는 활동이 동시에 또는 순차적으로 진행되는 것이 자연스럽다.

### 2) 큰 기억 부담이 될 수도 있으므로 음악과 스토리 요소를 담아서

귀로 말소리를 듣고 따라서 말하려면 상당한 작업 기억 능력이 요구된다. 작업 기억이란 일종의 일시적인 저장 창고로 볼 수 있는데, 작업 기억에 담을 수 있는 정보의 양은 대개 '매직 넘버 세븐±2'로 표시하기도 한다. 이 용어는 미국 프린스턴대학교 심리학과 조지 밀러 교수의 논문에서 사용되었는데, 대부분의 사람들이 7개 내외의 정보만 작업 기억에 잠시 담을 수 있더라는 관찰 결과에서 비롯되었다. 예를 들어 '원숭이—사과—바나나' 정도는 누구나 쉽게 외울 수 있지만, '원숭이—사과—바나나—기차—비행기—백두산'처럼 길게 연속되는 단어들은 외웠더라도 금방 잊어버릴 가능성이 높다. 그런데, 이처럼 많은 단어의 연속이 주어지더라도 동요처럼 멜로디와 박자를 붙이거나 스토리 형식이라면 암기 가능성이 놀라울 정도로 올라간다. "원숭이 엉덩이는 빨개, 빨가면 사과, 사과는 맛있어, 맛있으면 바나나, 바나나는 길어, 길면 기차, 기차는 빨라, 빠르면 비행기, 비행기는 높아, 높으면 백두산." 음악적 특성과 스토리가 결합될 때 발휘되는 기억력 차이가 느껴지는가? 서로의 연상 관계가 구체화되는 스토리의 힘은 놀랍다.

이러한 특성은 '듣따' 활동으로 영어를 익히는 데 단점이자 장점이 될 수 있다. 영어 말소리에 익숙하지 않은 학습자의 경우 귀로 들은 정보를 입으로 낼 때까지 잠깐 저장하는 것이 상당히 부담스러워서 쉽게 포기하는 경우가 많다는 게 단점이고, 영어를 묶음으로 기억해 익히도록 촉진하여 이른바 '청킹(chunking, 덩이짓기)'하는 습관을 들여 줄 수 있다는 것이 장점이다.

예를 들어, 'Once upon a time, there lived a girl named Dorothy'와 같이 10개 단어로 이루어진 문장의 경우, 영어가 생소한 아이라면 한 번 듣고서 외우기에 정말 어렵다. 하지만 [Once upon a time], [there lived], [a girl], [named Dorothy]처럼 묶음으로 영어 소리를 입력하면 덩어리가 네 개에 그치기 때문에 작업 기억 부담이 상당히 줄어든다. 듣고 따라하기 활동은 학습자가 암기해야 하는 단위 수를 줄여 부담을 줄일 수 있게 청킹하도록 유도할 수 있다. 하지만 아이가 너무 부담스러워한다면 작업 기억 부담이 상대적으로 적은 소리내 읽기만으로도 족할 수 있으니 강요하지 말고 유연하게 대응했으면 한다.

### 3) 언어 속 음악 베끼기

말소리를 듣고 따라하면 문자를 눈으로 보며 읽는 활동에 비해 리듬, 박자, 음조, 인토네이션 등 언어 속에 담긴 음악적 특성을 저절로 살려 말하게 되므로 영어 발음이 좋아진다. 영어 소리가 귀에 연속적으로 들어오는 속도에 맞춰 따라 말하는 경우 번역하거나 문법을 따질 겨를이 없으므로 유창성이 좋아진다.

### 4) 영어를 '운동'으로서 몸에 배도록 만드는 '듣따'

귀는 감각기관이자 운동기관으로서 소뇌를 비롯해 절차적 기억(procedural memory)과 관련된 두뇌 부위들과 신경회로로 탄탄하게 연결되어 있다. 절차적 기억은 자동적이고 즉각적이어서 실생활에 적합한 언어적 반응 능력을 발휘하기 위해 필수적이다. 신경학계의 최근 문헌에 따르면, 몸으로 기억하는 절차적 기억을 형성하기 위해서는 시각적인 정보 처리 능력에 비해 청각적 처리 능력이 월등히 중요한 역할을 한다. 영어를 귀로만 들으며 따라 하는 상황에서 아이는 영어 특유의 문법적 단위를 익히고 두뇌의 언어 의미상의 단서를 자연스레 체득하게 된다. 아래 그림에 나타나 있듯, 우리의 뇌 깊숙한 곳에는 두뇌의 언어 관련 영역을 앞뒤로 연결하는 궁형속(arcuate fasciculus)을 비롯한 '신경 고속도로'가 있는데 소리를 듣고(감각), 입으로 발성(운동)하는 과정을 연결하는 이 길은 '듣따' 활동에서 핵심적인 역할을 하는 신경회로이다. 이곳이 손상되면 상대방의 말을 듣고 따라하지 못하는 '전도성 실어증(conduction aphasia)'이 나타난다.

거꾸로 생각해보면 말소리를 귀로 듣고 따라하는 활동이 이 회로

: 언어 관련 신경 고속도로

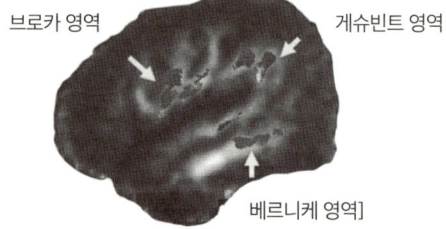

브로카 영역    게슈빈트 영역

베르니케 영역]

를 튼튼하게 훈련시키는 '운동'인 셈이다. 사람의 뇌 부위를 연결하는 전기줄에 해당하는 부위가 뉴런의 축삭(axon)인데, 이곳이 활성화되면 될수록 신호 손실이 줄어들고 전체 회로 효율을 3,000배까지 늘릴 수 있는 '미엘린화(myelination)'가 이루어진다.

## '듣따' 훈련 방법

청각적 모방 훈련 방법은 크게 두 가지로 나눌 수 있다. 첫째는 컴퓨터나 태블릿PC 등으로 영어책 읽는 소리를 들려주고 나서 따라 읽게 하는 법이고, 둘째는 귀로 영어 소리를 계속 들으면서 거의 동시에 입으로 따라 말하는 '섀도잉(shadowing)' 방식이다.

예를 들어 안데르센 동화에 나오는 문장 중 'In the garden all the apple-trees were in blossom'은 아홉 개의 단어로 이루어져 있다. 어린아이라면 이 문장 전체를 듣고 나서 한 번에 모두 따라 말하기 어려울 것이다. [In the garden], [all the apple-trees], [were in blossom]처럼 세 묶음 정도로 나누어 듣고 따라하게 하다가 아이의 작업 기억 용량이 차츰 늘어나면 [In the garden], [all the apple-trees were in blossom] 정도 단위로 더 길게 들려주며 따라 읽도록 하는 방식을 활용해보면 어떨까.

'섀도잉' 기법은 미국의 언어학자 알렉산더 아구엘레스가 개발한 언어 학습법이다. 영어 말소리를 청취하면서 최대한 빠르게 입으로 따라 말하는 방식으로 훈련하며, 귀로 들리는 말소리를 그대로 모방하여 영어의 리듬, 발음, 인토네이션 등의 음악적 특성을 향상시키는 것을 주요 목표로 한다. 기본적인 연습방법은 다음과 같다. 아이의 현재 영어 실력과 비슷한 수준이거나 약간 더 어려운 영어 녹음을 준비한다. 따라 말하지 말고 일단 영어 음성을 주의깊게 들으면서 그 속에 담긴 리듬감과 인토네이션을 익힌다. 녹음을 다시 들으면서 섀도잉을 실시한다. 이때 단어뿐만 아니라 리듬, 발음, 인토네이션 등 말하는 사람의 모든 초분절적 특성을 복사하듯 따라하는 게 중요하다. 이러한 활동을 한 번만 하고 멈추지 말고 편안한 느낌이 들 때까지 반복적으로 실시한다. 연습에 활용된 영어 말소리의 텍스트를 구해서, 직접 소리 내 읽어보는 활동을 추가할 수 있다.

꼭 기억해 두어야 할 것은, 시간차를 두고 따라 말하는 활동이나 거의 동시에 따라 말하는 섀도잉 활동이나 모든 학습자에게 적용 가능하지는 않다는 점이다. 귀로만 듣고 따라 말하는 활동은 아이에게 상당한 부담이 될 수도 있고 영어 말하기 실력은 몇달에서 몇년이 걸릴 수도 있으므로 가르치는 이나 배우는 이에게 많은 인내심을 요구할 수도 있다. 아이가 너무 힘들어 한다면, 영어 텍스트를 눈으로 보면서 읽는 영어 소리 내 읽기 활동으로도 충분하다.

# 영어두뇌 만들기 네 번째 비밀

: 많이 읽기(Read a Lot)

　　어릴 적부터 꾸준히 책을 읽어준 아이들은 자연스럽게 우리말과 영어 소리에 익숙해지고, 직접 소리 내 읽다보면 언제부터인가 스스로 글을 읽으며 재미를 느끼고 정보를 얻기 시작한다. 맛있는 요리에 자연스레 입맛이 당기듯 재미있는 이야기에 아이들은 끌린다. 끌리면 스스로 찾아 읽게 된다. 필요한 정보를 문자에서 직접 찾아내는 능력을 갖게 된 아이는 두뇌에 빠른 속도로 간접 경험을 축적하기 시작한다. 독서 능력을 갖춘 시기의 아이들은 끊임없이 궁금한 것이 생기기 때문에 부모에게 헤아릴 수 없을 정도로 많은 구체적 질문을 던지거나 문자 능력을 이용해 스스로 답을 찾아 책 속을 헤매기도 한다. 이런 탐구 능력을 일찍 갖춘 아이는 학교를 다니면서 다른 아이에 비해 압도적인 유리함을 갖는 것은 자명한 일이다.

아이가 좀 더 좋은 학교에 진학해 남보다 좋은 교육을 받는 모습을 보고 싶다면 재미있는 책을 많이 읽어주고 아이가 재미있어하는 책을 충분히 공급해주는 것이 필수적이다. 학원이니 과외니 사교육보다 훨씬 경제적이면서도 건전하게 아이의 머리를 채워줄 수 있는 유일한 방법은 역시 책이다. 이렇게 책을 많이 읽는 것을 '다독(多讀)'이라 하고 영어로는 'extensive reading'이라고 한다.

## 많이 듣고 많이 읽기

명훈이는 초등학교 6학년이다. 명훈이의 여동생 지현이는 초등학교 4학년에 다닌다. 점잖은 선비 같은 스타일에 주변이 단정한 명훈이는 할아버지를 닮아 타고난 인성이 선량하고 매사 성실하다. 카페 2층으로 동생과 함께 달려온 명훈이를 보니 단정하고 진실한 아이인 걸 알 수 있다. 명훈이와 지현이의 엄마 아빠가 고등학교 수학 선생님들이라서인지 과학과 수학에 대한 관심이 깊고 실력도 좋아서 한 국립대학교 영재교육원의 수학 분야 과정에 입학할 수 있는 자격도 받았다. 하루 한 줄씩 꼼꼼하고 진실하게 명훈이가 직접 자기소개서를 작성해 제출한 결과다. 2년 전에는 2주일에 한 번씩 토요일마다 다른 국립대학교 영재교육원에서 한 번도 빠짐없이 3시간짜리 수업을 들었다.

명훈이는 공부를 시작하기 전에 책상을 깨끗이 정리한 뒤 곧은 자세로 공부에 몰입하는 게 습관이다. 공부만 잘하는 것이 아니라 3학년 때는 학생회장도 할 정도로 리더십을 가졌고 동네 FC에 가입해서 일요일마다 3시간씩 축구를 한다. 축구실력도 상당하고 아침에 일어나자마자 신문을 가져다 스포츠난을 즐겨 읽는다. 일곱 살 때부터 시작한 피아노는 발표회에서 연주할 수 있을 정도다. 한마디로 건전하고 건강하게 자라고 있다.

그런데 명훈이는 말이 늦고 글이 더 빨랐다. 세 살 때 할아버지가 한글을 알려줬는데 곧바로 한글을 터득했기 때문이다. 《해리 포터》 전집 7권을 영어로 읽어낸 명훈이는 생후 6년 10개월이 됐을 때부터 영어를 공부하기 시작했다. 여덟 살이 넘어서 영어 노래 CD를 위주로 듣기 훈련부터 시작한 이후 매일 영어로 된 DVD를 일정한 시간대에 하루 평균 1~2시간 정도 시청했다. 명훈이는 〈마틸다〉와 〈스타워즈〉 영화 DVD를 특히 좋아해서 수십 차례 반복해서 보았고 영화 OST를 직접 피아노로 연주할 수 있을 정도다.

《해리 포터》의 경우 우선 DVD로 영화를 보여주고 흥미를 보이자 한글 번역본을 사줬고 7권까지 모조리 읽은 명훈이가 엄마에게 영어판으로도 사달라고 했다. 별도로 구매한 오디오북으로 10개월 동안 매일 30분씩 청취하며 읽어서 전집을 완결했다고 한다. 역시 성실함이 돋보이는 아이다. 우리나라 대학생들에게도 쉽지 않은 책인 《해리 포터》 시리즈를 읽기 전에는 2년 동안 오디오북을 들으며 텍스트를 눈으로 따라가는 듣기 방식으로 영어를 공부했다. 편안하고 부담 없이 영어 소리를 들려주는 '흘려듣기' 방법과 책 읽는 소리를 들으며 텍스트를 눈으로 따라가는 '집중듣기' 방식을 병행했던 것이다.

명훈이처럼 아직 어린 나이의 초등학생이라면 우리말과 글을 배우는 방법과 비슷한 흐름을 갖도록 배려하는 것이 이치에 맞는 현명한 교육법이다.

명훈이의 동생 지현이도 한글책을 많이 읽는 독서가로서 역시 책으로 영어를 공부하고 있다. 책 읽는 소리를 들으며 텍스트를 눈으로 따라가는 집중듣기 방법으로 2년 동안 읽은 책 중 《옥스퍼드 리딩트리(Oxford Reading Tree)》 시리즈를 좋아했고 《매직트리하우스(Magic Tree House)》는 매일 1시간을 꽉 채워서 영어로 들었다. 초등학교 4학년밖에 되지 않았지만 지현이의 영어 독서량은 놀라웠다. 늘 가지고 다니는 '영어책 1,000권 읽기' 공책을 펴서 쑥스럽게 보여주기도 했는데 기록된 내용을 보니 1,000권은 이미 예전에 넘어선 상태였다.

집에 있는 책으로는 감당할 수 없어서 엄마는 두 아이를 데리고 일주일에 2~3회 영어 도서관에 다닌다.

> **흘려듣기**
> 영어라는 언어를 일상생활 속에 끌어들여 친숙하게 만들기 위해 CD나 DVD로 영어 소리를 매일 일정 시간 부담 없이 들려주는 것.

> **집중듣기**
> 영어 텍스트와 영어 소리를 맞춰가는 과정으로 영어 리듬과 억양을 익히고 글자에 익숙해지는 것을 목적으로 함.

명훈이와 지현이의 엄마 아빠가 내세우는 공부 제1원칙은 '절대로 강요하지 않는다'이다. 처음에는 납득을 시키고 습관을 들이기 위해 부모의 주도가 어느 정도 필요하지만 아이가 재미있어하고 원하는 책을 꾸준히 공급해 아이가 스스로 다독을 실천하도록 돕는 것이 영어를 가르치는 기본이라는 생각은 확고하다. 명훈이와 지현이의 지금 모습으로 보아 '영어책 많이 읽기'로의 길은 이미 순조롭다.

## 시간이 지나면 커지는 차이

우리나라에서 초등학교 고학년이나 중학생이 되면 해야 할 일들이 쌓여 영어공부를 위한 호젓한 시간을 확보하기 어렵다. 게다가 일단 우리말과 글의 틀이 잡히자마자 한글 독서와 영어 독서를 집중적으로 하는 것이 두뇌 발달에 비춰볼 때도 유리하다. 명훈이와 지현이 그리고 앞서 언급한 준영이와 윤영이처럼 가능하면 초등학교 저학년 또는 그 이하 때부터 영어를 삶의 일부로 만들어줘야 한다. 그리고 최소 2년 동안은 생활 속에서 집중적으로 영어책을 듣고 읽을 수 있는 시간도 만들어줘야 한다. 초등학교 3학년 경까지는 큰 차이가 드러나지 않더라도 아이의 학년이 올라갈수록 그 차이는 엄청나게 벌어질 수 있다. 이러한 현상을 '마태효과'라 한다.

'마태효과'라는 용어를 읽고 쓰는 능력 습득에 관해 도입한 사람은 캐나다 토론토대학교에서 연구하고 있는 키스 스타노비치(Keith Stanovich)다. 능숙하게 읽을 수 있는 학생과 그렇지 않은 학생 사이의 격차는 아이가 초등학교, 중학교, 고등학교에 진급할수록 기하급수적으로 커진다. 스타노비치에 따르면 동기 부여가 되지 않은 초등학교 고학년이나 중학교 학생의 경우 1년 내내 대략 10만 단어 정도를 읽고, 평범한 학생은 100만 단어를 읽지만, 능숙한 독서가는 약 1,000만~5,000만 단어까지 읽을 수 있다고 한다.

일반적으로 글자 위주의 책 속에 대략 5만 단어 정도가 들어가 있으니 읽기에 익숙하지 않은 아이는 1년에 겨우 책 2권, 보통인 아이는 20권, 잘 읽는 아이는 자그마치 200권에서 1,000권 정도를 읽는다는 뜻이다. 1년 내내 달랑 2권 읽는 아이와 수백 권을 척척 읽어내는 아이의 지적 능력에는 시간이 갈수록 막대한 차이가 발생하리라는 것은 두말할 필요가 없다.

떠듬떠듬 힘겹게 1분 당 20단어 이내로 읽는 아이는 곧 지쳐 포기할 가능성이 높지만 힘들이지 않고 분당 수백 단어를 읽을 수 있는 아이는 문자로부터 정보를 수집하는 데 갈수록 재미를 느낄 테니 마태효과가 뚜렷이 나타나게 된다. 많이 읽는 아이가 갈수록 더

> **마태효과 (Matthew Effect)**
> 1968년에 컬럼비아대학의 로버트 킹 머튼(Robert King Merton) 교수가 만들어낸 부익부(富益富) 빈익빈(貧益貧) 현상을 뜻하는 사회학적 용어. 신약성경 마태복음 25장 29절의 "무릇 있는 자는 받아 풍족하게 되고 없는 자는 그 있는 것까지 빼앗기리라"는 구절로부터 착안했다.

많이 더 정확하게 읽을 수 있기 때문이다.

뇌과학 분야에서 연구된 증거에 따르면 읽기 능력이 숙달될수록 문자를 해독하기 위해서 들여야 하는 에너지 소모가 극적으로 줄어든다. 아이의 두뇌 속에 문자만을 인식하는 특수 부위가 생겨나기 때문이다. 이 부위가 머릿속에 개발된 아이는 분당 최대 500여 단어까지 읽을 수 있지만 그렇지 않은 아이는 1분에 20~30단어도 힘겹게 읽게 된다. 단어 한 개를 이해하기 위해 2초에서 3초를 써야 하는 것이다.

두뇌 속에 읽기만을 위한 전문 영역이 물리적으로 개발되어 보다 수월히 읽을 수 있게 되면 꾸준한 독서 활동을 통해 일반적인 지식은 물론 어휘, 통사적 이해의 심도가 더욱 깊어진다. 많이 읽기는 언어 및 인지적 스킬 발달에 있어서 가장 지대한 공헌을 한다. 훌륭한 독서 능력을 보유하면 비약적으로 지적 능력이 발달할 가능성이 극히 높아진다. 많이 읽기로 인한 양적인 축적은 질적인 지적 변화를 유도한다. 많이 읽고 많이 생각하는 두뇌는 조만간 폭발적인 발전을 맞이하게 된다.

### 많이 읽게 만드는 3가지 조건

아이가 영어책을 많이 읽을 수 있으려면 적어도 3가지 조건을 충족해야 한다.

첫째, 충분한 속도로 읽을 수 있어야 한다.

"느리지만 거의 옳은 것보다는 가끔 틀리지만 빠른 게 낫다."

저명한 인지신경과학자 마이클 가자니가(Michael Gazzaniga)는 언어를 비롯해 우리 두뇌가 움직이는 기본 원리를 압축해 이렇게 말했다. 영어를 비롯해 한글을 읽을 때 최소 분 당 60단어, 초 당 한 단어 이상은 읽고 이해할 수 있어야 책을 읽을 수 있는 기본이 갖춰진다. 처음 발걸음을 떼는 아이는 모든 것을 생각해서 아주 천천히 다리와 몸을 움직이지만 곧 가끔은 넘어지더라도 걷고 뛰는 것이 자동화된다. 만일 노력해도 발걸음을 힘겹게 옮길 수밖에 없다면 그 아이는 걷기를 포기할 가능성이 크고 뛰는 것은 상상도 하지 못하게 될 것이다. 한 걸음 한 걸음 느리게 걷기만 하는 것보다는 빠르게 걷고 달리다가 가끔 넘어져 보는 게 낫다.

마찬가지로 100% 정확하게 분당 20단어를 읽는 것보다는 70~80%의 정확도로 분당 수백 단어를 읽을 수 있는 것이 더 낫다. 소리 내 읽기를 충실히 거친 아이는 두뇌 속에 소리와 의미가 연결되는 '소리 회로(phonological loop)'가 개발된다. 많이 읽기를 꾸준히 실천한 아이는 두뇌 속에 의미로 즉시 접근해 들어가는 '의미 회로(semantic loop)'가 개발된다. 의미 회로가 발달하면 속도감 있게 읽기를 즐길 수 있는 자동성을 확보할 수 있게 되는데 이를 위해 가장 쉽고 가장 효과적인 방법이 많이 읽기다.

둘째, 기본 어휘가 충분해야 한다.

모르는 단어가 많으면 속도를 내어 읽을 수 없으므로 기본 어휘를 두뇌 창고에 충분히 축적해야 한다. 영어 어휘 교육의 권위자 폴 네이션(Paul Nation)의 연구 결과에 따르면 쉬운 글인 구어체 텍스트를 이해하기 위해서는 6,000~7,000단어를 알아야 하고 어려운 글인 문어체 텍스트를 이해하기 위해서는 8,000~9,000단어가 필요하다. 영어 어휘수가 이 수준에 가까워지면서 아이는 스스로 소리 내 읽는 모습을 보이기 시작한다. 대개 부모가 소리 내 읽어주는 단계를 지나 아이가 스스로 소리 내 읽는 단계를 지나면서 구어체 텍스트를 이해하기 위한 기본 단어들을 거의 익힐 수 있다. 그저 SAIL 학습법 (Need the Sound, Read Aloud, Auditory Imitation, Read a Lot) 과정대로 진행하는 것으로 족하기 때문에 억지로 단어장 등을 만들어 영어 단어 6,000개를 암기시켜야겠다고 결심할 필요는 없다. 단순하게 꾸준히 읽어주기만 해도 아이는 필요한 단어들을 두뇌에 착실히 담게 된다.

셋째, 일단 국어책을 즐겨 읽어야 한다.

국어 독서 능력이 우선인 이유는 배경 지식과 그로 인한 이해력 때문이다. 우리글 책을 많이 읽어서 풍부한 배경 지식을 갖고 있으면 새로운 글이 전달하

**소리 회로**
**(phonological loop)**
단어의 소리가 활성화될 때 택하는 두뇌 경로

**의미 회로**
**(semantic loop)**
단어가 해당 뜻에 자동적으로 접근하며 두뇌 속을 지나는 경로

는 의미를 신속하고 정확하게 꿰뚫을 수 있다. 우리 아이들 대부분에게 영어는 어차피 외국어이므로 모국어로 개념을 분명히 알고 있어야 생소한 영어 단어와 스토리를 이해하고 기억하는 데 유리하다. 우리말로 '재미'가 무슨 뜻인지 모르는데 영어 단어 'fun'을 어찌 이해할 수 있을까? 만일 부모가 영어에 대해 과욕을 부려 어릴 적부터 영어만 읽게 시키면 당장은 영어도 국어도 잘하는 것 같이 보일지 모른다. 그러나 복잡한 개념 속에서 정보를 찾아내야 하는 초등학교 고학년에 접어들면 곧바로 정체기에 빠져드는 일이 발생할 수 있다.

평생 동안 뛰어난 동시통역사로 일하면서 러·일 정상회담을 전담 통역해 명성이 높았던 요네하라 마리(米原万里)도 모국어의 중요성을 강조하면서 이렇게 말했다.

"결국 외국어를 배운다는 것은 모국어를 풍부하게 하는 일이며, 모국어를 배운다는 것도 외국어를 풍부하게 하는 일입니다."

요컨대 국어를 잘해야 영어를 잘할 수 있고 영어를 잘하면 국어도 잘하게 되는 '상호 상승효과'가 있다. 그러니 영어만 중시해 모국어를 소홀히 해서는 절대 안 된다. 아무리 여러 개의 언어에 능통하더라도 모국어는 언제나 단 하나다. 모국어를 자신의 것으로 만들려면 약 1만 5,000시간 정도의 입력과 훈련이 필요하다. 음성언어인 입말과 달리 문자언어인 글말은 대략 2,000일, 즉 4~5년 동안의 훈련이 필요하다고 하니 결코 저절로 자기 것으로 만들 수는 없다. 글을 마음대로 다룰 수 있으려면 오랜 시간과 배움이 필요하고 말에 비해 글은 의도적으로 가르치고 배워야하는 기술이다. 아이에게 글을 읽어주며 독서 능력을 개발해주는 일은 분명 부모에게나 아이에게나 쉽사리 이루어지는 성과는 아니다.

### 두뇌에게 요구하기

존 스튜어트 밀은 이렇게 말했다.

"할 수 없는 것을 하도록 요구받은 적이 없는 아이는 할 수 있는 것도 결코 해내지 못한다."

이 문장에서 '아이'를 '두뇌'로 바꿔도 좋다. 아기는 그냥 놔두어도 세상을 바라보는 뇌 부위가 발달하지만 읽기를 담당하는 부위는 후천적으로 개발되는 것이지 자동으로 생겨나는 곳이 아니다. 우리 두뇌에는 본래 읽기만을 위한 회로가 선천적으로 마련되어 있지 않다. 진화론의 역사로 볼 때 극히 최근이라고 할 수 있는 기원전 4,000년경에야 문자가 실용적인 기능을 갖추기 시작했고 인간은 물체를 식별하기 위해서 사용하던 두뇌 부위를 문자를 인식하는 데에도 쓰기 시작했다. 'A'는 뒤집으면 뿔 달린 소(∀)와 비슷하고 'S'는 뱀과 비슷하듯이 알파벳 중 상당수는 주변 사물을 모방한 그림으로부터 점차 발달해온 기호다.

글을 읽고 쓸 수 있는 능력이 우리 사회에서 보편화된 것이 불과 몇 백 년도 되지 않았는데도 우리 두뇌는 글을 인식하는 부위를 사물과 얼굴 알아보는 부위 사이에 만들어놓는 위업을 단기간에 달성했다. 글을 배우고 책을 읽는 행위 자체가 불과 얼마 전까지도 그렇게 중시되지 않았지만 두뇌는 번개같이 적응했고 성공적으로 기능하기 시작한 것이다. 두뇌가 원래 할 수 있는 것을 이용해서 할 수 없었던 것을 하기 시작한 대표적인 예가 '읽기'이다. 게다가 글은 말에 비해 강력한 영향력을 갖고 있다.

"말은 날아가도 글은 남는다(Verba Volant Scripta Manent)"라는 라틴어 명언처럼 글을 지배하는 자는 역사에 이름을 남길 확률이 높고 세상에 지속적인 영향력을 발휘할 가능성이 분명 올라간다. 우리 아이가 세상에 보탬이 되는 인재로 성장하길 바란다면 문자 언어를 지배할 수 있도록 가르쳐야 한다. 높은 품질의 글을 마음대로 쓰도록 가르치기 위한 가장 좋은 방법은 누누이 언급하는 책 읽기다. 좋은 글을 써내기 위해서는 우선 많이 읽어야 한다. 짐 트렐리즈가 한마디로 정리한 바와 같이 책을 통해 좋은 글을 많이 읽어야 고급 단어와 문장을 마음대로 구사할 수 있다.

"어휘, 그리고 짜임새 있는 문장은 일단 읽어서 머리로 업로드가 되어야만 종이에 다운로드 될 수 있다."

# 영어두뇌 만들기 주의사항

다수의 탁월한 과학논문 성과를 인정받은 과학자와 저녁식사를 하다가 아이들 영어교육 문제에 대해 상담한 적이 있다. 초등학교 2학년생인 아이는 새벽 4시면 꼬박꼬박 일어나서 컴퓨터로 온라인 영어 학습을 할 정도로 성실하고 영어 실력도 뛰어난 아이다. 열 살도 안 된 나이에 새벽에 일어나 몇 시간씩 고래고래 소리를 질러가며 영어 읽기를 하는 모습을 보면 감탄이 절로 나온다.

하지만 아이가 영어를 익히는 패턴을 얼마간 관찰해보니 염려스러운 점이 눈에 띄었다. 아이가 영어를 즐거운 정보를 전달해주는 도구가 아닌 '어떻게든 해치워야 할 숙제'로 인식하고 있었던 것이다. 온라인상으로 수십 개의 영어 문장을 소리 지르며 읽어서 '통과'

해 숙제를 '해치우면' 엄마는 게임이든 무엇이든 아이가 원하는 것을 들어주기 때문에 새벽녘에 일어나는 수고를 마다하지 않고 있었다.

## 영어는 해치울 숙제가 아니다

이 초등학교 2학년 아이는 최근에 영어학원 수업에서 본격적으로 동명사, to 부정사 등의 문법을 배우기 시작했다. 아이가 문법 용어를 이해하지 못해서 엄마와 아빠가 문법 용어를 이해시켜가며 문법 숙제를 함께 해주느라 진땀을 빼던 참이었다. 나는 이들 부부에게 조심스럽게 조언했다.

"당장 성과가 보이기 때문에 억지로 반복하는 학습이 부모가 보기에 당장은 만족스러울 수 있어요. 그러나 아이가 영어를 어서 '해치워야 하는 짐'으로 여기도록 해서는 안 됩니다. 영어란 재밌는 이야기를 듬뿍 전해주는 즐거운 매체라고 느끼도록 이끌어주는 것이 먼저예요. 우선 두 분이 재밌는 영어 이야기를 해주거나 영어책을 읽어줘야 합니다. 아직 초등학교 2학년인 아이가 학원에서 영문법을 따져 배우고 있다니, 여간내기였으면 진작 영어를 포기했을지도 몰라요. 초등학교에서 영어 문법을 시험 문제로 내더라도 아직은 문법을 대놓고 가르쳐서는 안 됩니다. 그냥 몇 문제 틀리라고 하세요. 꼭 문법을 가르쳐야 한다면 중학생 때 시작해도 전혀 늦지 않습니다."

여러분의 주변을 둘러봐도 이들 부부와 상황이 크게 다르지 않다. 영어유치원, 방과 후 원어민 팀 수업, 온라인 영어학습, 속성 문법 강의 등 아이가 힘겨울 정도로 많은 공부를 시키려고 한다. 부모는 부담스러울 정도의 비용을 내는데 아이는 귀중한 시간과 노력을 바치면서 영어에 '적대감'만 키우는 경우가 많다. 박사학위를 가지고 있고 연구원으로 근무할 정도로 부모의 교육수준이 꽤 높더라도 외국어를 가르치는 것에 대해서는 막막한 느낌을 떨치기는 어려운 일이다.

우리나라 사람들은 엄청난 비용과 시간을 투자해서 영어공부를 하고 토플이나 토익 성적도 좋은데 막상 영어로 대화는 왜 잘하지 못하는 걸까? 오랫동안 이런 질문이 끊이질 않았다. 우리나라 사람들의 영어 읽기 성적은 사실 그럭저럭 괜찮은 편이지만 말하기 실력은 세계적으로 후진국을 벗어나지 못하고 있다. KBS 스페셜 다큐 〈당신이 영어를 못하는 진짜 이유〉에 따르면 우리나라 사람들의 영어 읽기는 세계 35위, 영어 말하기는 세계 121위다. 왜 그럴까? 왜 이렇게 읽기와 말하기 실력이 큰 차이를 보이는 것일까?

## 영어는 몸으로 배우는 운동

한국 사람들의 영어 말하기 수준이 낮은 이유는 듣고 말하는 대화에서는 마치 탁구 경기처럼 타이밍이 가장 중요한 변수이기 때문이다. 모든 언어에는 그 문화를 반영하는 대화의 리듬이 있는 법이다 (이것을 '턴테이킹'이라고 한다). 상대가 영어로 질문을 했는데 5초나 10초 후에 답변을 하는 식이라면 당연히 대화는 지리멸렬해지다가 서로 입을 열지 않는 상황이 이어질 것이 뻔하다. 탁구공이 제때 넘어오지 않는데 게임을 계속하고 싶을 리가 없는 것과 마찬가지다.

상대의 말을 들으면서 적절한 타이밍에 반응하려면 목표 언어가 '몸에 배어' 있어야 한다. 탁구 선수는 머리로 모든 세부 동작을 계산하면서 탁구채를 휘두르지 않는다. 탁구 선수라면 이미 기본 동작은 모듈로 차곡차곡 몸에 배어들어 있고 상황에 따라 요구되는 모듈을 순간적으로 선택하기만 하면 된다. 우리나라 사람들이 사교육시장에 엄청난 돈을 써가며 영어를 공부했어도 정작 대화하기를 어려워하는 가장 대표적인 이유는 영어를 몸으로 익히기보다 머리로만 공부했기 때문이다.

다음 그림은 KBS 스페셜 〈당신이 영어를 못하는 진짜 이유〉에서 나온 한 장면이다.

: 머리로만 하는 영어공부

출처: KBS 스페셜 〈당신이 영어를 못하는 진짜 이유〉 중에서

    수영을 잘하려면 어떻게 해야 할까? 물속에 뛰어들어 열심히 연습하는 게 최선이다. 교실에 앉아 수영 이론만 공부하고 있다면 제아무리 이론시험 성적이 좋아도 실제 수영 실력이 늘 가망이 없다. 수영이나 걷기, 자전거 타기, 피아노 연주, 그림 그리기 등은 이론이

나 말로 설명하기 어렵다. 아무리 본인이 능숙하더라도 말로 설명하려고 하면 곤란해지는 형태의 스킬을 '절차적(procedural)' 기억이라고 하며 "수영은 물속에서 헤엄치는 것이다"처럼 말로 설명할 수 있는 형태의 지식을 '서술적(declarative)' 기억이라 한다. 뇌과학적 관점에서 언어교육을 연구해온 미국 조지타운대학교 마이클 얼먼(Michael Ullman) 교수는 이 두 종류의 기억 개념을 도입해 왜 외국어로서 영어를 배우는 경우 반응 속도가 느려지는지를 설명한다.

: 모국어와 외국어 문법이 저장되는 방식의 차이

|  | 모국어로서의 영어 | 외국어로서의 영어 |
|---|---|---|
| 어휘 | 서술적(Declarative+) | 서술적(Declarative) |
| 문법 | 절차적(Procedural) | 서술적(Declarative) |

출처: Ullman(2001, 2004).

위 표와 같이 영어가 모국어인 사람들의 경우 어휘는 주로 서술적 기억으로 문법은 절차적 기억으로 두뇌 속에 저장하고 있지만, 우리나라 사람들은 영어 어휘나 문법이나 모두 서술적 기억으로 갖고 있다. 계단을 오르거나 내려가다가 발걸음을 의식적으로 생각하는 순간 다리가 꼬여 넘어졌던 경험이 있는가? 문법이란 무의식적으로 자동화된 기술이어야 하는데 명시적으로 문법을 배우고 공식처럼 암기하는 상황이 우리나라에서는 흔하다. 멀쩡히 잘 걷고 있던 사람도 의식적으로 발걸음을 따져보다가는 발이 꼬이거나 넘어져 버릴 수 있다.

상대의 말을 듣고 머릿속의 서술적 기억으로 영어 문법이 제대로 맞는지 따져보며 문장을 다듬어서 상대에게 응하려 하면 이미 대화의 맥을 놓쳐버리게 된다. 그러므로 유·초등 시절부터 영어를 익히기 시작한 경우라면 짐 트렐리즈의 다음과 같은 충고를 따르는 게 옳다.

"문법이란 따로 배우기보다 몸에 배는 것이다. 문법이 몸에 배는 것은 마치 감기에 걸리는 것과도 같아서 영어에 노출되어 패턴을 모방하는 식이어야 한다."

영어 문법은 지식이 아니라 직관으로 몸에 배어들어 있어야 가장 이상적이다. 영어학자가 아닌 이상 영어는 설명하기 위한 학문이 아니라 몸으로 익혀 직관적으로 옳고 그름을 판단할 수 있는 스킬이어야 바람직하다. 이렇게 되기 위해 가장 좋은 방법은 적어도 초등학교 시절까지는 흥미로운 스토리 위주의 영어책을 소리 내 읽어주고 아이가 소리 내 많이 읽도록 하는 것이다. 단순해 보이지만 이것이야말로 아이의 언어 발달 과정에 가장 잘 맞는 자연스러운 방식으로서 꾸준히 계속될 때 최선의 성과를 낼 수 있는 비결이다.

## 문법에 접근하는 법

의식적으로 영어 문법을 배우는 것을 경계했지만, 다른 한편으로 문법을 무작정 무시하는 것도 현명한 태도가 아니다. 문법 교육도 'case by case'로 접근해야 하며 영어가 외국어인 이상 분명하게 문법적인 정보를 가르칠 때 효과를 볼 수 있는 경우가 있다. 문법을 명시적으로 가르치는 것이 도움이 되는 대표적인 상황은 고급 영어를 구사하고 글을 써서 공부와 연구를 계속하려고 하는 중등학교나 대학교 학생일 경우다.

### 1) 초등학교 입학 무렵의 문법

아이가 초등학교 입학 전후의 연령일 때에는 명시적인 문법 교육은 가급적 피하는 것이 바람직하다. 첫째 아이도 얼마 전부터 온라인 컴퓨터 프로그램을 활용해 영어를 연습하고 있다. 물론 가장 우선은 책읽기이지만 컴퓨터를 활용할 때의 장점도 있으므로 하루 40분씩 영어학습 프로그램을 투입하고 있다. 영어 소리 훈련, 지시사항 이행, 파닉스, 스토리텔링 등을 위주로 하는 게임 형식으로 되어 있어서 아이에게 처음 이 프로그램을 시작할 때 '영어공부'라는 표현을 쓰지 않고 '영어게임'이라고 말했다.

: 온라인 영어학습 프로그램의 한 장면

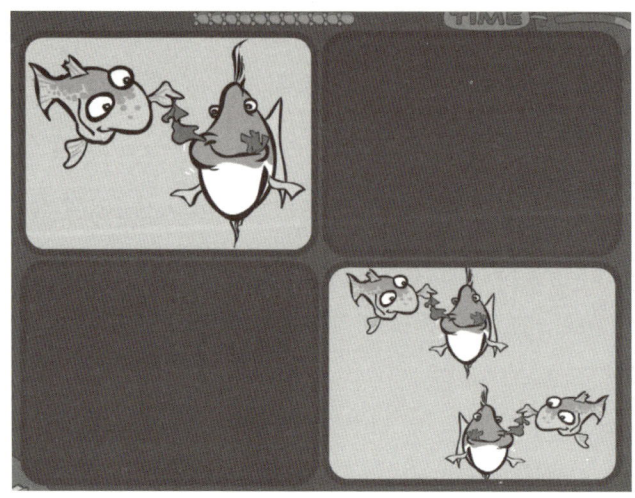

이 장면은 "The fish feeds the fish"라는 컴퓨터 음성을 듣고 적절한 그림을 클릭해서 맞추는 훈련 중 하나인데 물론 정답은 왼쪽 위의 그림이다. 단순한 문장이지만 생각보다 복잡한 문법 정보가 들어가 있다. 만일 위 문제풀이를 시키기 위해 "지금 나온 문장에서 'The fish'는 복수형 접미사 -s가 붙지 않아도 단수와 복수를 모두 나타내는 특수 명사니까 3인칭 단수 현재인 경우 동사에 접미사 -s를 붙이는 규칙을 따라야 하는 거야"라는 식으로 설명을 늘어놓으면 아이는 금세 나가떨어질 수밖에 없다. 만 6~7세 정도 연령대 아이의 이해범위를 넘어서기 때문이다.

복합적 관점을 수용하고 기존 지식에 더해 새로운 사실과 개념을 종합적으로 다룰 수 있으려면 만 14~17세는 되어야 한다. 또한 복잡한 문법 용어를 통해 고차원적 추상화, 분석, 종합, 비판할 수 있는 능력은 만 17세 이후에야 제대로 기능을 발휘할 수 있다.

아이에게 이 문제를 이해시키는 방법은 왼쪽 위 그림을 가리키면서 "The fish feeds the fish"라고 읽어주고 오른쪽 아래 그림을 가리키면서 "The fish feed the fish"라고 읽어주는 것으로 족하다. 한창 언어를 배우는 시기를 지나고 있는 아이는 불과 몇 번만 이런 과정을 거쳐도 자연스럽게 스스로 규칙을 깨닫는다. 단수니 복수니 3인칭이니 하는 문법 용어를 동원하는 것보다 실제 영어에 가급적 많이 노출시키는 것이 핵심이다.

"The wolf who is gray is following the sheep"처럼 어려운 복문장도 관계대명사니 선행사니 문법 용어를 동원하지 않아도 해당하는 문장에 많이 노출시키는 것으로 족하다. 혹시 이해를 못하더라도 조바심 낼 것 없이 서서히 아이가 언어 규칙을 익히는 모습을 지켜봐 주는 것이 이 시기에는 필요하다.

## 2) 초등학교 고학년과 중학교 때의 문법

아이가 초등학교 고학년이거나 중학생인 경우에도 SAIL 학습법, 즉 '소리가 먼저(need the Sound)', '소리 내 읽기(read Aloud)', '듣고 따라하기

(auditory Imitation)', '많이 읽기(read a Lot)'의 자연스러운 접근법을 유지해 주는 것이 좋다. 그렇지만 중학교에서는 내신 성적을 관리해야 하고 영어시험에서 문법 문제가 출제되므로 적절한 수준의 문법 교육이 필요할 수 있다. 고등학생에 비해 중학생들은 아직 여유가 더 있는 편이므로 아이가 원한다면 여전히 소리 내 책을 읽어주고, 중학생 수준에 맞는 영어로 된 영화 등의 영상 자료를 하루에 1~2시간씩 들려줄 수 있도록 시간을 확보해줘야 한다. 학교 영어수업에 가장 충실해야 함은 두말할 나위가 없다. 선생님이 수업 시간 중에 중요하다고 강조하며 설명한 내용에서 내신 평가 문제가 출제되기 때문이다.

아이가 외국어로서 영어를 자연스럽게 습득할 수 있는 시간적 여유는 13~15세의 이 시기가 거의 막차다. 따라서 과감히 우선순위를 정해야 한다. 초등학교 시절부터 오랜 기간 SAIL 학습법을 거쳐 자유롭게 영어책을 읽을 수 있는 수준의 아이라면 학교 수업에 충실히 임하기만 해도 별도의 문법 교육이 필요하지 않다. 염두에 두어야 할 포인트는 문법을 가르치려 해도 아이가 영어에 대한 기본이 있어야 문법 용어를 제대로 이해하며 받아들일 수 있다는 점이다.

### 3) 고등학교에서의 문법

아이가 고등학생이 되면 대학수학능력시험이라는 최대 과제에 당면한다. 이 시기가 되면 아이들은 물론 부모들도 어찌해야 할 바를 몰라 허둥댄다. 마음은 다급하고 아이는 기대만큼 따라주지 못하고 부모와 자식 사이에 의만 상하는 상황이 다반사로 일어난다. 고등학생의 두뇌는 10년 가까이 학교생활을 하면서 수많은 정보를 웬만큼 접해봤을 연령대에 있다.

이 시기는 생각보다 고도의 정신 능력을 갖추고 있는 기간이므로 영어 문법 규칙을 이해하는 속도가 그 어떤 때보다 빠르다. 사실 언어 형식, 즉 문법을 체계적으로 학습하면 언어 발달 속도가 빨라지고 성취도도 올라간다는 연구 결과가 있으므로 좋은 문법책을 이용해서 공부하면 정확한 영어를 더 빨리 배우는 효과를 기대할 수 있다. 수많은 과목을 동시에 공부해야 하는 고등학교 시절에 문법 공부를 통해 절약할 수 있는 시간은 이만저만 귀중한 게 아닐 것이다.

하지만 문법이 건강한 언어 사용을 돕는 역할을 해야지 그 자체가 걸림돌이 되어서는 안 된다는 진리를 잊어서는 안 된다. 거대한 나무가 서 있으려면 뿌리가 땅 속 깊이 뻗어야 한다. 그리고 건물을 지을 때 쳐놓은 디딤틀 비계를 건물이 완공되면 철거해야 하는 것처럼, 문법 지식도 겉으로 드러나지 않으면서 건강한 영어 사용을 돕는 역할을 맡는 것이 좋다. 풍부한 예문으로 충분히 연습하면서 문법을 공부해 '절차적' 기억으로 만들어줘야만 어렵게 공부한 문법이 제 기능을 할 수 있다. 단순한 서술적 기억에서 그치는 문법은 즉시 쓸 수 있는 스킬이 될 수 없다.

`English Brain`

# 음소인식 능력과
# 영어 속의 음소

### 음소 인식 능력

음소 인식 능력(phonemic awareness)이란 모든 단어가 음소의 연속으로 구성되어 있음을 이해하고 사용할 수 있는 능력이다. 예를 들어 'bake'와 'cake'는 최초 음소 'b'와 'c'의 차이만으로 '굽다'와 '케이크'를 뜻하는 별개의 단어가 된다.

영어두뇌 만들기 첫 번째 '소리가 먼저' 단계는 다음 2가지로 나뉘는데 음소 인식 능력을 개발하는 것은 자음과 모음의 개념을 알기 위해 필수적으로 거쳐야 하는 언어 발달 과정이다.

(1) 초분절적 자질(suprasegmental features) 익히기 : 영어 특유의 억양, 강세, 리듬, 높낮이(주파수대역)에 익숙해져야 한다.

(2) 음소 인식 능력 개발 : 말소리가 자음과 모음처럼 분절될 수 있는 소리의 연속임을 이해하고 조작할 수 있어야 한다. 음소 인

식 능력을 개발하기 위해 가장 손쉽고 효과적인 방법은 '흘려듣기', '집중듣기', 그리고 '소리 내 읽기'다.

음소 인식 능력에 문제가 있음은 초등학교 1학년 정도에는 잘 드러나지 않을 수 있다. 하지만 초등학교 4학년 정도가 되어 '배우기 위해 읽기'를 요구받으면 결정적인 결함이 드러나게 된다. 다음 그래프에는 음소 인식 능력이 하위 20% 이하인 학생들은 학년이 올라갈수록 점점 더 심각한 읽기 부진 상태에 빠져들고 상위 20% 이상인 학생들은 갈수록 더 읽기 등급이 올라가는 '마태효과'가 잘 드러나 있다.

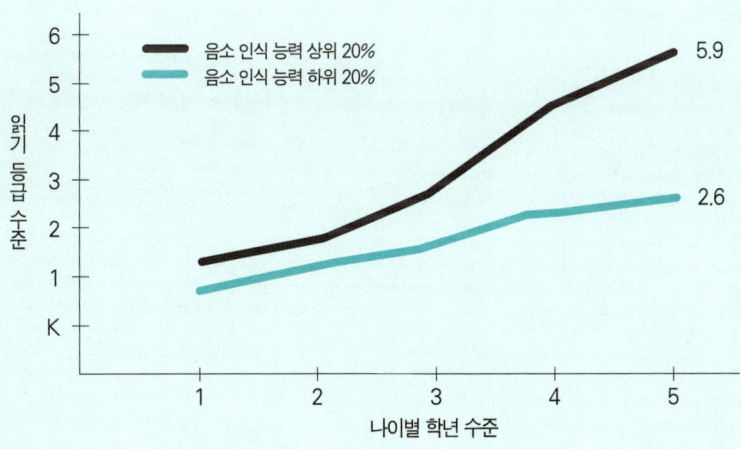

## 영어 속의 음소

### 26개의 알파벳으로 44개의 음소를 표현하는 법

| 알파벳 | 음소<br>(ARPAbet symbol) | 예시 |
|---|---|---|
| A | /ae/ | cat, laugh |
|   | /ey/ | make, rain, play, they, eight, great |
|   | /ao/ | hall, bought, cause |
| B | /b/ | bee |
| C | /k/ | cake, chrome |
|   | /s/ | cent |
| D | /d/ | day |
| E | /eh/ | bet, head, said, says |
|   | /iy/ | beet, neat, mete, key, happy, chief, either |
| F | /f/ | fin, phone, cough, half |
| G | /g/ | gone, ghost |
|   | /jh/ | gem, edge |
| H | /hh/ | hay, whole |
| I | /ih/ | bit, gym |
|   | /ay/ | bite, pie, right, rifle |
| J | /jh/ | joke |
| K | /k/ | key, back |
| L | /l/ | light |
| M | /m/ | mom, dumb, autumn |
| N | /n/ | noon, knock, gnaw, pneumatic |
| O | /aa/ | fox, father, palm |
|   | /ow/ | vote, doe, boat, snow, open, old |
|   | /uh/ | book, put, could |
|   | /uw/ | boot, tube, blue, chew, ruby |
|   | /oy/ | boy, oil |
|   | /aw/ | cow, out |

| | | |
|---|---|---|
| P | /p/ | pea |
| Q | /k/+/w/ | quick |
| R | /r/ | ray, wrong, rhyme |
| S | /s/ | sea, house, castle |
| | /z/ | nose |
| T | /t/ | tea, debt, ptomaine |
| U | /ah/ | cup, cover, flood, tough, among |
| | /uw/ | tube |
| | /ux/ | ukelele |
| V | /v/ | van, of |
| W | /w/ | way, once |
| X | /k/+/s/ | ox |
| | /g/+/z/ | exam |
| Y | /y/ | yacht |
| Z | /z/ | zone |
| | /zh/ | azure, measure |
| 중성모음(Schwa) | /ax/ | about, lesson, elect, definition, circus |
| 이중글자(Digraphs, 두 글자가 하나의 자음을 나타내는 것) | | |
| CH | /ch/ | choke, catch, nature |
| NG | /ng/ | sing, think |
| SH | /sh/ | she, cache, motion, sure |
| TH | /th/ | thin |
| TH | /dh/ | then |
| WH | /hw/ | what, whale (일부 방언에서는 way와 달리 발음됨) |
| r-첨가 모음 (가장 가변적이며 방언에 따라 상이함) | | |
| AR | /ar/ | car |
| IR, ER, UR | /axr/, /er/ | bird, her, fur, work, learn, syrup, dollar |
| OR | /or/ | pour, or, oar |
| 보너스 음소! 44개의 음소로 45개까지! | | |
| glottal stop | /ʔ/ | uh uh, atlas |

영어두뇌를 만드는 확실한 방법

# WHAT?
## 영어 잘하는 아이는 두뇌가 다르다

Not all readers are leaders, but all leaders are readers.

Harry S. Truman

두뇌와 정신이 별개라는 관점을 이원론(dualism)이라고 한다. 이원론을 강력하게 주창한 대표적인 인물이 르네 데카르트(René Descartes)다. 그는 정신이 육체 밖에 존재하는 실체로서 오직 송과샘(pineal gland)이라는 두뇌 부위를 통해서만 육체와 접촉한다는 가설을 세웠다. 과학자들은 아직 의식의 본질에 대해서는 제대로 알지 못하지만, 송과샘에 정신이 궁극적으로 담겨 있지 않다는 점에는 대부분 동의하고 있다.

그렇다면 우리가 지금 탐구하고 있는 영어두뇌는 존재할까? 사실 아이의 두뇌 속에 특정 부위에 영어두뇌가 위치하는 것은 아니다. 그러나 개념적일지라도 아이의 두뇌를 영어두뇌로 만들 수 있다. 영어를 구사할 때 남들보다 더욱 편리하고 간단하게 두뇌가 작용하도록 바꿀 수 있다. 영어두뇌가 어떻게 물리적으로 작동하는지 추적할 수 있다.

사람의 두뇌가 나이와 상관없이 변화하고 발전한다는 점은 이미 많은 연구로 밝혀져 있다. 그것이 아이의 두뇌라고 한다면 그 가능성은 어른보다 쉽고 훨씬 무한할 것이다. 영어를 접하는 환경 속에서 몇 년 동안 꾸준히 단련한 아이의 두뇌는 물리적으로도 변화를 보인다. 영어두뇌를 개발해준 아이와 그렇지 않은 아이의 두뇌는 그 자체가 다른 모습으로 바뀐다.

영어두뇌를 개발한다는 것이 두뇌 속에서 실제적으로 어떤 물리적인 변화를 일으킬까? 뇌과학적인 관점과 함께 신경세포나 신경망 등 생명과학적인 의미를 살펴보자.

# 두뇌에 영어의
# 길을 뚫어라

지금으로부터 약 2,300년 전 로마인은 그 누구도 생각하지 못했던 고속도로를 뚫었다. 그것도 그냥 길이 아니라 우선 땅을 깊게 파서 굵은 돌과 모래를 채우고 그 위에 잔돌과 자갈을 덮어 물이 잘 빠지게 해놓은 다음 넓은 돌판을 깎아서 촘촘히 이어 깐 포장도로였다. 게다가 도로 가운데가 양끝보다 높은 아치형을 이루도록 하고 도로의 가장자리에는 배수로를 만들어서 빗물이 고이지 않는 장치도 설치했다. 정교한 시공법을 동원해 로마제국 전역에 걸쳐 건설된 도로들은 기술자들 스스로 최소 수백 년은 문제없이 제 기능을 발휘할 것이라고 호언할 정도의 완성도를 보였다고 한다.

교통수단이라고는 소나 말 그리고 마차가 전부인 시대였던 기원

: 로마인이 건설한 도로

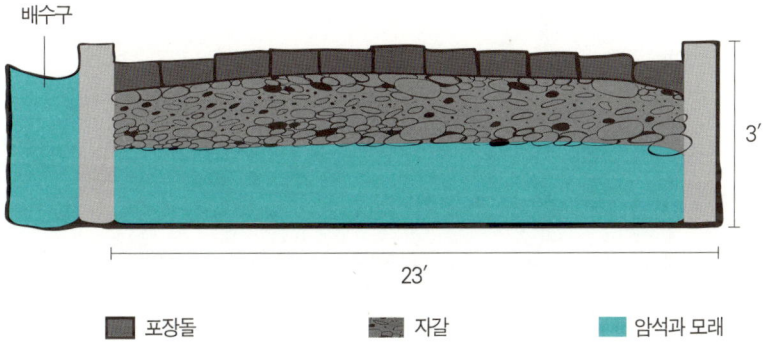

전 4세기에서 1세기 무렵까지 450여 년 동안 로마인들이 건설한 도로는 그 총길이가 간선도로만 해도 8만Km, 지선도로까지 합하면 무려 15만Km. 적도를 따라 지구를 한 바퀴 도는 거리가 약 4만Km이니

로마인들은 지구를 거의 네 바퀴 돌 수 있을 정도로 엄청난 길이의 도로를 건설한 것이다.

로마의 가도가 서양의 토목건설을 대표한다면 동양 최대의 토목공사 시설로는 기원전 3세기경 진시황의 명으로 쌓은 '만리장성'이 있다. 오랜 세월에 걸쳐 축조한 만리장성의 총 길이는 약 6,000Km가 넘는다. 장성의 일부 구간은 성벽 위에 깔린 길의 폭이 8m에 달해 마차가 오갈 수 있을 정도였다고 하니 만리장성은 도로의 역할도 일부 겸했다. 2,000년 넘게 유지해온 만리장성은 연인원 수십 만 명과 수없이 많은 희생으로 건설된 '인류 역사상 최대의 건축물'이라는 평가를 받기도 한다.

동서양을 각각 대표하는 두 문명은 모두 상상을 초월하는 '길'을 창설하는 위업을 달성했다. 하지만 두 길의 목적은 확연히 다르다. 무엇이 다를까? 중국이 가장 정성을 기울여 건설한 업적물은 마치 갑옷처럼 흉노족을 비롯한 외적이 들어오지 못하도록 막는 장벽이었다. 반면, 로마가 건설한 최대 결과물인 포장도로는 마치 혈관처럼 제국 내 각처의 정보와 물산이 흐르도록 공헌한 네트워킹을 목적으로 했다. 정치·경제적으로 대단히 중요한 역할을 했던 두 토목 건축물이 지향한 바는 확연히 달랐고 그 결과 두 나라의 수명에 있어서 비할 바 없는 차이로 이어졌다.

장벽은 왕래를 차단하고 도로는 소통을 촉진한다. 한나라 이래 60

여개의 나라가 성하고 쇠했던 중국 왕조들의 평균 수명은 64년에 불과하며 가장 오래 지속됐던 왕조인 청나라·당나라·명나라도 300년을 채 넘기지 못하고 다른 민족의 침입이나 내분에 의해 모두 멸망했다. 그러나 기원전 8세기에 건국한 로마는 서로마제국의 경우 기원후 476년까지, 동로마제국이 1453년까지 존속해 실로 장구한 세월 동안 생명을 유지했다. 도로는 정보와 물건을 안전하고 신속하게 전달할 수 있도록 만들어주며, 도로들이 네트워킹으로 연결되면 그 기능이 비약적으로 향상된다. 기원전 5세기 동방의 페르시아 제국에도 포장도로는 존재했지만 길을 그물망처럼 서로 연결하면 그 효율이 괄목할만하게 향상된다는 것을 깨닫고 실현한 민족은 로마인뿐이라고 한다.

"낯선 것과의 조우를 통해 이성이 시작된다"는 마르틴 하이데거(Martin Heidegger)의 말처럼 로마인들은 당시 그 어떤 문명도 생각하지 못했던 수준의 도로를 뚫어 제국 곳곳을 고도로 네트워크화했다. 그들은 분명한 원칙과 포용주의를 국가정신의 핵으로 삼은 천년 제국을 건설했고 로마문명의 영향력은 아직도 우리 현대인의 사회 속 여기저기에 고스란히 남아 있다. 로마인들의 언어였던 라틴어는 현존하는 영어 단어 29%의 직접적인 기원이 됐다. 라틴어가 이탈리아어, 독일어, 프랑스어의 조상인 것까지 감안하면 대략 80% 이상의 영어 단어는 라틴어에서 파생한 것으로도 볼 수 있다.

> **신경 회로**
> **(neural circuits)**
> 상호 연결되어 특정 기능을 수행하는 여러 뇌세포들의 집합. 신경망이라고도 한다.

두뇌도 문명과 마찬가지로 그 속에 자리하고 있는 도로망에 따라서 그 발전의 수준이 달라진다. 두뇌 속 신경망을 얼마나 잘 구비하고 있는지에 따라 두뇌 발전이 좌우되는 것이다. 단순한 생물일수록 뇌 속에 있는 길은 네트워크화 정도가 약하고 인간과 같은 고등한 동물로 올라갈수록 두뇌 속에 연결된 신경 회로가 복잡해진다. 도로의 네트워킹이 국가의 기능을 비약적으로 향상시키는 것처럼 두뇌의 네트워킹은 생물의 사고와 운동 등의 기능을 비약적으로 향상시킨다.

## 두뇌를 구성하는 신경세포

두뇌 속에 네트워크가 만들어져 길이 열리는 현상은 정확히 무엇일까? 그 원리를 이해하기 위해서는 우리 두뇌를 가득 채우고 있는 1,000억 개의 신경세포인 뉴런(neuron)에 대한 기본 지식이 있어야 한다.

사람의 뇌는 약 1,000억 개(일부 문헌에서는 약 860억 개)에 달하는 뉴런, 각 신경세포가 제자리를 잡도록 묶어주거나 미엘린화(myelination) 작업 등을 하는 교세포(glia cell), 각종 신경전달물질(neurotransmitter), 신경조

: 인간의 두뇌를 구성하는 신경세포, 뉴런

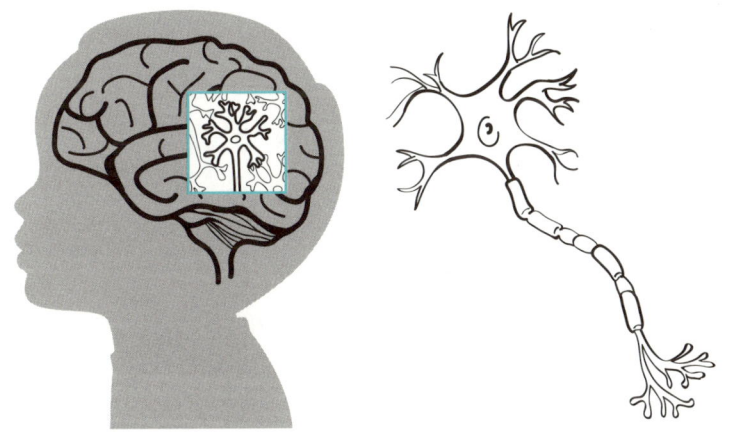

절물질(neuromodulator), 나트륨, 칼륨, 칼슘, 마그네슘 등의 전해질, 물 등으로 이뤄져 있다.

뉴런도 종류가 다양하지만 대표적인 뉴런은 그림에서 볼 수 있듯 나뭇가지와 비슷하게 생긴 수상돌기(dendrite), 세포체(soma) 그리고 세포체 한 가운데 자리한 핵(nucleus), 밧줄처럼 길게 뻗어나가 다른 뉴런들과 연결되는 축삭(axon)으로 구성된다. 인간의 경우 긴 축삭은 1미터가 넘는 것도 있고, 축삭 한 개의 길이가 기린은 5미터 가까이, 대형 고래는 10미터에 달할 수 있다. 아직은 밝혀지지 않은 원인에 의해 세포체와 축삭이 연결되는 부위(axon hillock)에서 전기신호가 발생하면 전선에 해당하는 축삭을 따라 흐르며 다른 뉴런에 신경신호가 전달된다. 그런데 뉴런과 뉴런은 전기 회로처럼 직접 맞붙어 있지 않고 약 20nm(나노미터)의 미세한 틈을 사이에 두고 떨어져 있다. 이 부위를 시냅스(synapse)라 하며 '연결부'를 뜻한다.

그림에서 주걱처럼 생긴 윗부분은 축삭 맨 끝부분인 축삭 첨단(axon terminal)이고 아랫부분은 다음 뉴런의 일부다. 이 두 뉴런 사이의 틈이 시냅스다. 축삭 첨단에는 신경전달물질을 가득 담고 있는 주머니(vesicle)들이 들어 있는데 전기신호가 오면 이 주머니들이 터지면서 신경전달물질이 시냅스 간극(synaptic cleft)으로 쏟아져 나온다. 이 화학물질이 다음 뉴런의 문인 수용기(receptor)에 가서 붙거나 수용기를 지나 다음 뉴런 속으로 들어가면 전해질 농도가 달라져 전기적 차이가 생기면서 전기 스파크가 다시 발생한다. 그 이후에도 동일한 과

: 시냅스

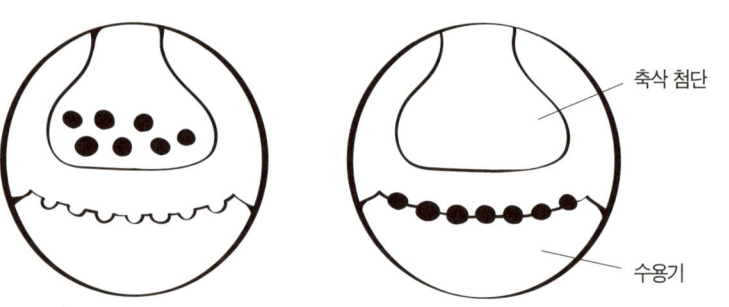

정을 반복하면서 뉴런은 배우고 기억하고 느끼고 생각하고 명령하게 된다.

인간 두뇌의 메커니즘은 기본적으로 극히 단순한 과정의 합일뿐이지만 여기에 '길'과 '네트워킹' 방식이 적용되고 초당 1경번 정도의 엄청난 빈도가 더해지면서 인간만이 갖는 모든 복잡 미묘한 정신 활동이 가능해진다. 우리의 두뇌 속에 건설된 시냅스 네트워킹은 실로 상상을 초월할 정도인데, 불과 1.3Kg 정도에 불과한 인간의 뇌 속에 10의 100만 제곱 개에 달하는 시냅스가 존재할 수 있다. 두뇌의 무게로만 따지면 부피 8리터짜리 초대용량 뇌를 소유한 향유고래가 가장 고등한 정신 능력을 가진 생물이어야 하지만 인간에 비할 바가 못 된다. 이것을 보면 두뇌의 '네트워킹'이 얼마나 잘 이루어져 있느냐 그리고 '길'이 얼마나 잘 뚫려 있느냐가 두뇌 기능의 가장 중요한 변수임을 짐작할 수 있다.

## 신경세포를 영어활성화세포로

고대 로마인들은 원래 있던 길을 그들만의 방식으로 더 견고하고 더 넓게 포장하거나 없던 길을 새로 뚫는 데 선수들이었다. 그들은 원래 있던 길 이외에도 동일한 목적지에 도달할 수 있는 길을 더 뚫어 도로를 복선화해 여러 길 중 원하는 길을 선택하는 것이 가능하도록 만들기도 했다.

우리 두뇌에서도 이와 동일한 현상을 관찰할 수 있다. 두뇌에 원래 존재하던 뉴런과 뉴런의 네트워크 길이 더욱 넓고 좋게 바뀌거나 없던 길이 새로 열리거나 여러 개의 길 중 나만의 길을 선택하는 양상이 고스란히 나타나는 것이 그것이다.

### 1) 전달 효율을 높이는 미엘린화

뉴런과 뉴런이 연결되어 길이 열리는 방식에는 3가지가 있다. 여기에서는 영어에 좀 더 적합한 두뇌 만들기에 집중하기 위해 '더 좋은 길(better way)'이 우리 뇌 속에 열리는 방식에 대해 살펴본다.

1. 더 좋은 길(Better way): 있던 길을 좋게 만드는 것
2. 새로운 길(New way): 없던 길을 새로 만드는 것
3. 나만의 길(My way): 여러 길 중 내가 선택한 길

마당에 있는 꽃이나 나무에 호스로 물을 주어야 하는데 호스에 구멍이 뚫려 있다면 어떻게 될까? 당연히 수압이 약하니 원하는 곳에 충분한 물을 공급할 수 없게 된다. 이럴 때는 수도꼭지를 더 열어서 수압을 올리거나 구멍이 뚫린 호스 부분을 비닐 테이프로 감아주는

게 알맞은 대책이다.

뉴런의 축삭을 따라 흐르는 전기신호의 세기를 올리는 것은 생체의 특성상 곤란하다. 따라서 거리가 멀어질수록 전기 신호가 약화되는 현상을 해결하는 가장 손쉬운 방법은 축삭 부위를 '테이핑'해 전기적 손실을 줄이는 것이다. 우리의 뇌도 이런 방식으로 전기신호의 약화를 방지하는데 두 종류의 교세포(중추신경계는 핍돌기세포, 말초신경계는 슈반세포)가 이 '테이핑' 임무를 맡는다. 이 작업에 사용되는 물질을 미엘린(myelin)이라 하며 지방을 주성분으로 한다. 생선이나 식용 가축의 뇌와 척수는 하얀 빛을 띠고 고소한 맛이 나는데 바로 지방질인 미엘린이 뇌와 척수의 대부분을 차지하기 때문이다.

다음 그림에는 미엘린으로 감싸인 축삭의 모습이 잘 나타나 있다.

: 뉴런의 축삭을 감싸는 절연물질 미엘린

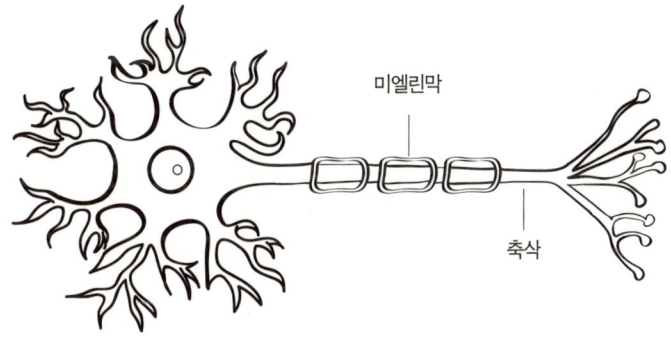

마치 비엔나소시지처럼 일정한 간격으로 두툼하게 미엘린으로 덮인 축삭 부위에서는 전기적인 손실이 거의 없기 때문에 신경 신호가 점프하듯 빠른 속도로 축삭을 따라 흘러갈 수 있는데 이것을 도약전도(saltatory conduction)라고 한다. 미엘린막이 제대로 형성되지 않았을 때는 전기적 손실로 인해 신경신호가 마치 좁은 보폭으로 종종걸음을 치듯 전달되지만 미엘린막으로 '테이핑'을 하면 전기 손실이 줄어들어 껑충껑충 도약하듯 신경신호가 빠른 속도로 흐르게 된다.

아이가 처음 태어나면 눈의 움직임도 느리고 손발도 버둥버둥 제대로 기능을 하지 못하지만 서서히 아이의 신체 각 기관이 자연스럽게 움직이며 주변의 변화에 빠르게 대응하게 되는데 이 과정에서 가장 핵심적인 역할을 하는 신경 현상이 바로 '미엘린화'다.

다음 그림을 보면 미엘린막의 형성과정이 상세하게 드러나 있다. 위쪽 그림은 실제 미엘린화가 진행된 축삭을 자른 단면이고 아래쪽 세 개의 그림은 미엘린막이 여러 겹으로 둘둘 말리는 과정을 보여준다. 미엘린막이 겹겹이 더 두꺼워질수록 그에 비례해 전기적 손실이 줄어들고 축삭은 점점 더 '고속도로화'된다. 미엘린으로 축삭을 감싸는 현상이 일어나는 가장 중요한 원인은 '얼마나 자주 얼마나 많은 신경신호가 축삭을 따라 흐르느냐'에 달려 있다. 즉, 특정 뉴런을 쓰면 쓸수록 미엘린막이 두꺼워지고 두꺼워진 미엘린막은 전기신호 손실을 더욱 줄여준다. 전기신호 손실이 줄어들수록 그 뉴런의 신경

: 미엘린화(myelination)

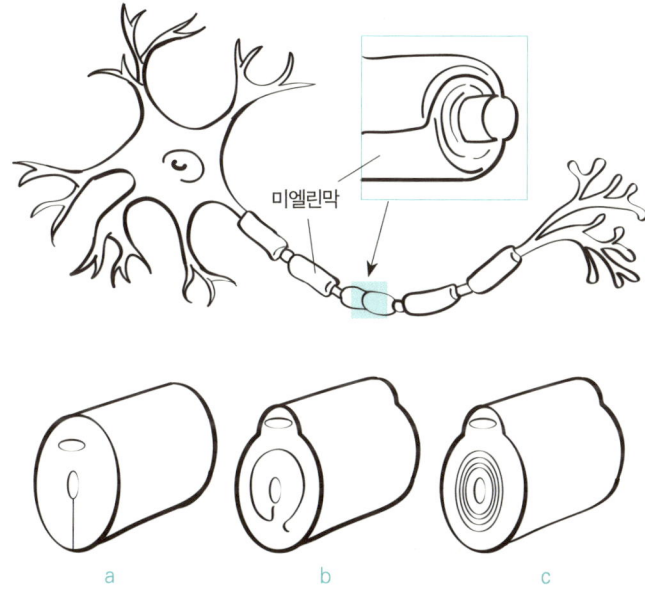

전달 속도가 빨라지고 관련 뉴런 집단이 구성하는 회로의 효율이 수직 상승한다.

네트워크는 점과 선으로 이뤄지기 마련이고 축삭은 선에 해당한다. 정보가 이 선을 따라 안전하고 신속하게 흐르면 그 네트워크의 효율이 급격히 올라가는 것은 분명한 결과다. 미엘린화가 된 신경 회로는 그렇지 않았을 때에 비해 신경전달 속도는 100배, 관련 신경 회로의 효율은 3,000배까지 올라간다. 다만 미엘린화는 하루아침에

끝나는 과정이 아니라 꽤 오랜 시간동안, 일부 신경 회로의 경우 생명이 끝날 때까지 일어나는 장기적인 신경 현상이다.

세상에 막 태어난 신생아의 머리는 정말 작다. 하지만 불과 1~2년 만에 아기의 머리는 태어날 때 크기의 4배 정도로 부풀어 올라 소위 '가분수' 체형을 갖게 된다. 이러한 현상은 아기와 산모의 생명을 모두 보호하기 위한 자연의 신비로운 섭리인데 미엘린 성분의 비율 때문에 일어난다. 만일 두뇌 미엘린화가 된 채로 아기가 태어난다면 몸도 더 빨리 움직일 수 있고 생각도 더 깊이 할 수 있으므로 적으로부터의 위험을 모면할 가능성은 높아지겠지만 커다란 머리 때문에 엄마의 자궁을 빠져나오기도 전에 아기는 질식사하고 엄마는 과다출혈로 사망할 확률이 훨씬 높아질 것이다. 그래서 자연은 아기의 두뇌가 생명유지를 위해 반드시 필요한 곳만 미엘린화된 신경회로를 갖추게 하고 세상에 태어난 뒤 급속한 미엘린화를 진행하도록 신경계를 프로그래밍해둔 것이다.

### 2) 영어 실력을 결정하는 미엘린화

미엘린화의 핵심을 다시 정리해보자. 점과 선으로 구성되는 네트워크에서 축삭은 선에 해당하며, 축삭을 따라 흐르는 전기적 신경신호의 손실을 줄이고 신경신호 전달 속도를 올릴 수 있도록 '테이핑'하는 과정이 미엘린화다. 미엘린화가 진행될수록 관련 신경 네트워크의 효율은 수천 배까지 증가될 수 있고 미엘린화는 오랜 시간이 소요되는 장기적인 생리현상이다. 호흡이나 심장박동처럼 생명유지를 위해 필수적인 기능을 담당하는 신경 회로의 미엘린화는 출생 시에 이미 거의 완성된다. 그러나 영어나 악기를 꾸준히 배우는 경우처럼 관련 신경 네트워크에 지속적으로 전기신호가 흐르게 하고 활발히 자극을 공급하면 신경망의 축삭은 갈수록 테이핑의 두께가 두꺼워져 더욱 효율적으로 기능하게 된다. 평생 동안 무언가를 연습하고 배워 '길이 열리는' 즉 '도가 트이는' 과정의 배후에는 미엘린화라는 신경 현상이 있다. 마치 쓰면 쓸수록 근육이 강해지고 두꺼워지는 것처럼, 신경 세포의 '통신선' 축삭도 사용하면 할수록 미엘린막이 두꺼워지고 그 결과 최대 속도로 정보를 송신할 수 있게 된다. 인체 기능 활용의 능숙도, 영어라면 유창도를 결정짓는 신경현상이 바로 미엘린화다.

"탁월함은 습관이다."

아리스토텔레스가 남긴 이 말의 진실성을 증명해주는 역사적인 증인들이 많다. 70세가 넘어서도 콘크리트 주물법 등의 발명을 해낸 토머스 에디슨, 78세에 이중초점 안경을 발명한 벤저민 프랭클린, 80세가 넘어서야 《파우스트》 2부를 탈고한 괴테, 85세에야 걸작 '피에타'를 그린 티치아노 등 수많은 인물들이 있다. 80대에도 피아노 연습을 멈추지 않는 거장 피아니스트 블라디미르 호로비츠는 이렇게 말했다.

"하루 연습을 빼먹으면 내가 압니다. 이틀 연습을 빼먹으면 아내가 압니다. 사흘 연습을 빼먹으면 온 세상이 압니다."

자신에게 다가와서 "선생님, 선생님은 어째서 아직도 연습을 계속 하시나요?"라고 묻는 학생에게 91세의 거장 첼리스트 카잘스는 "아직도 발전하기 때문이라네"라고 대답했다.

습관적으로 하는 행동과 사고는 관련된 신경네트워크에 지속적으로 자극을 제공하고 지속적인 신경자극은 미엘린화를 촉진한다. 아무리 나이가 들어도 꾸준한 연습과 훈련을 통해 신경 회로는 여전히 탁월해질 수 있고 그 배후에는 미엘린화가 있다.

인간의 두뇌에는 신경섬유다발이 대규모로 연결된 대형 회로가 있는데 이 회로의 효율을 극적으로 향상시키는 메커니즘이 미엘린화다. 이 대형 회로를 확대해보면 직선으로 쭉 뻗은 고속도로처럼 생긴 직선형 신경다발과 이를 다른 곳으로 연결하는 국도처럼 생긴 꾸불꾸불한 신경다발이 나타난다. 같은 곳을 가기 위한 길을 복선화한 것이다.

"사용하지 않으면 녹슨다(Use it or lose it)"는 말처럼 우리 두뇌 속 고속도로 망이 아무리 잘 깔려 있어도 계속 이 길을 사용해서 미엘린화를 촉진시켜 꾸준히 '더 나은 길(better way)'로 만들어야 한다. 길을 사용하지 않으면 도로는 서서히 황폐해지고 결국 끊겨버릴 것이라는 점을 명심하자.

## 두뇌 속의 영어 고속도로

영어와 미엘린화의 관계를 명쾌하게 이해하기 위해서는 우선 아이의 두뇌 속에 새겨지는 언어 회로를 이해해 놓을 필요가 있다. 다음 그림은 임상적으로도 많이 사용되는 전통적 대뇌 언어 처리 모형이다. 언어 처리 과정을 가장 단순하고 명확하게 보여주고 있다.

선생님이 아이에게 고양이의 사진을 보여주며 "What color is the cat?"이라고 질문하자 아이가 "Orange!"라고 답하는 상황을 예로 들어 대뇌에서 언어를 어떻게 처리하는지 그 과정을 단계별로 살펴보자.

아이가 사진 속의 고양이를 눈으로 보면 대뇌 뒤쪽 후두엽 끝부분에 있는 1차 시각피질이 활동을 시작하고 선생님의 질문을 귀로 들으면서 귀 바로 안쪽에 있는 측두엽 청각피질에 저장된 소리 정보가 활성화된다. 이어서 눈과 귀를 통해 들어온 시각 및 청각적 정보는 베르니케 영역으로 모여든다. 베르니케 영역은 언어의 이해를 담당하는 부위로서 각회를 동원해 대뇌 각처에 퍼져있는 관련 개념 정보를 긁어모아, 입력된 시청각 정보가 무엇인지 이해하려고 노력한다. 이해한 정보 및 대답할 정보는 측두엽 및 두정엽을 전두엽의 브로카

: 전통적 대뇌 언어 처리 모형

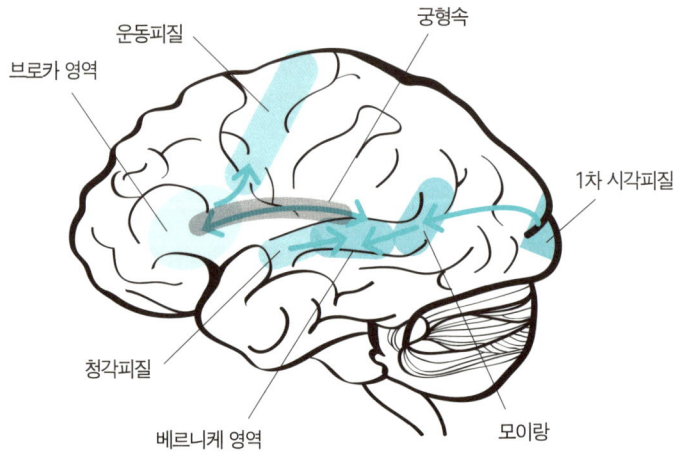

베르니케-게슈빈트 모델

영역과 연결시켜주는 신경다발인 궁형속을 타고 급송된다.

 궁형속은 두뇌 앞뒤를 가로지르며 베르니케 영역과 브로카 영역을 연결하는 '언어 고속도로'다. 흥미롭게도 궁형속의 신경다발은 일방통행이 아니라 정보가 자유롭게 오갈 수 있는 양방향성이므로 브로카 영역(전두엽)에서 베르니케 영역(측두엽) 및 각회(측두엽과 두정엽) 쪽으로 정보가 이동하는 것도 가능하다. 침팬지나 오랑우탄 등 인간이 아닌 유인원들의 두뇌에는 궁형속과 같은 언어 고속도로가 없거나 있더라도 인간에 비해 훨씬 가느다랗다. 또한, 뇌출혈이나 불의의 사고로 궁형속 신경다발이 손상되면 상대방의 말소리를 제대로 따라 말하지 못하는 유형의 실어증인 전도성 실어증(conduction aphasia)에 걸리게 된다.

브로카 영역은 표현을 담당하는 중추적 언어 부위로서 발성과 관련된 소리정보와 문법정보를 처리하는 곳으로 알려져 있다. 한편, 베르니케 영역 옆의 청각피질에는 귀로 입력되는 소리정보가 담겨 있어 듣는 사람이 음성적으로 그리고 문법적으로 알아들을 수 있고 이해할 수 있는 말소리를 만들어낸다.

우리나라 학생들은 영어 듣기에는 상대적으로 능해도 말하기 능력은 다소 부족하다. 이 현상은 첫째로는 청각피질에 영어 소리가 잘 새겨져 있지만 브로카 영역에는 영어 소리가 제대로 새겨져 있지 않고, 둘째로는 베르니케 영역과 브로카 영역을 연결하는 영어 고속도로인 궁형속의 미엘린화 정도가 낮아 이해와 표현 기능이 자연스럽게 소통되지 않기 때문에 발생한다고 해석할 수 있다. 바꿔 말하면 영어 듣기와 말하기에 모두 능통하려면 이해 훈련은 물론 표현 훈련을 꾸준히 하여 베르니케 영역과 브로카 영역 그리고 두 영역을 연결하는 신경 고속도로를 제대로 뚫어야 한다는 뜻이다.

브로카 영역 바로 위에는 말소리를 내기 위해 필요한 기관들인 폐, 목, 입의 근육을 움직이도록 명령을 내리는 운동피질이 위치하고 있다. 브로카 영역의 신경신호를 받아 운동피질이 아이의 발성기관을 움직이도록 명령을 발하면 사진 속 고양이의 색이 "Orange"라는 답변이 나오게 된다. 아이의 눈, 귀와 발성기관 및 언어능력에 이상이 없다면 이 모든 과정을 거치는 데 소요되는 시간은 불과 0.5초에서 1초를 넘지 않는다. 베르니케-게슈빈트 모델에는 왼쪽 대뇌(대뇌 좌반구)만 나와 있으나 오른쪽 대뇌(대뇌 우반구)도 말소리의 높낮이, 세기, 리듬을 조절해 표현하는 언어에 감정을 불어넣고 다른 사람의 말 속에 들어 있는 감정을 읽는 데 참여한다. 만약 사고나 질병으로 오른쪽 대뇌가 손상되면 그 사람은 로봇처럼 감정 없이 말하고 다른 사람의 말속에 들어 있는 감정적 단서를 포착하지 못하게 되므로 사실 언어는 사람의 두뇌 좌우반구 모두에서 처리된다고 보는 것이 타당하다.

# 영어두뇌가 만들어지는 과정

전통적 언어 처리 모형인 베르니케-게슈빈트 모델은 언어 처리 전 과정을 비교적 단순명쾌하게 설명할 수 있기 때문에 의학계에서 여전히 광범위하게 활용되고 있다.

"왜 그림과 텍스트를 같은 것이라고 생각하셨나요?"

몇 년 전 '두뇌의 영어 습득'을 주제로 대중 강연을 한 적이 있다. 역시 강사로 참석 중이던 영어교육 컴퓨터 프로그램 회사의 미국인 CEO가 강의를 마친 나에게 다가와 조심스레 던진 질문이다. 그 질문을 듣고 나는 망치로 뒤통수를 얻어맞은 듯한 충격을 받았다. 전통적인 언어 처리 모델에는 그림을 보나 사물을 보나 책 속의 단어를 읽으나 그저 1차 시각피질이 처리하는 것으로 나오는데 이것은 명백

한 오류이기 때문이다. 수학자 출신인 프랑스의 신경과학자 스타니슬라스 드앤(Stanislas Dehaene)의 연구를 살펴보면 전통적 언어 처리 모델에 결정적인 오류가 있음이 드러난다.

## 단어만 읽는 두뇌가 있다

아이가 사진 속의 고양이를 볼 때와 책 속의 글자 및 단어를 볼 때는 분명히 다른 경우라는 대단히 중대한 사실이 전통 모델에는 무시되고 있다. 우리는 매우 빠른 속도로 사진을 넘기며 세부 정보까지 이해하지는 못하지만 책 속의 텍스트는 매우 빠른 속도로 책장을 넘기면서도 세부 정보를 거의 놓치지 않고 읽을 수 있다. 그 이유는 일반적인 사물을 알아보는 것보다 훨씬 빠른 속도로 텍스트를 읽을 수 있기 때문이다.

인류가 가장 빠른 속도로 인식하는 시각적 대상이 무엇일까? 바로 얼굴이다. 인류가 돌도끼를 들고 사냥감을 찾아 헤매던 시절 저 멀리 다가오는 인물이 내 친구인지 원수인지 일찌감치 판단하는 것은 생사가 걸린 중대사였을 것이다. 친구라면 무기를 내리고 싸울 의사가 없음을 어서 밝혀야 하고 적이라면 선수를 쳐서 공격하든지 아니면 냉큼 도망쳐야 했다. 그래서 인간의 두뇌는 일종의 '특별 전

: 사물, 단어, 얼굴, 집을 알아보는 대뇌 부위들

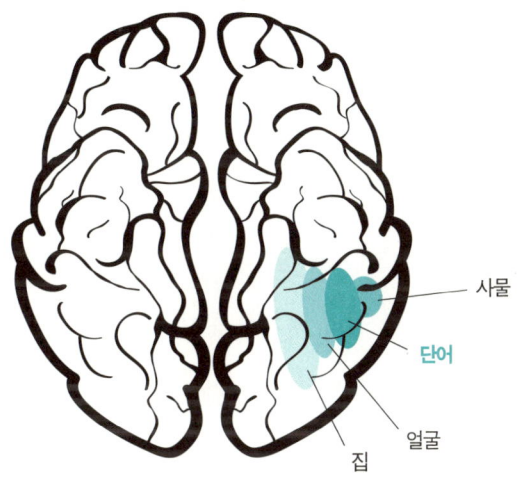

출처: Dehaene. (2009)

담팀'처럼 전적으로 사람의 얼굴만 알아보는 부위를 개발했다. 두뇌의 '사람 얼굴 인식 부위'가 두뇌에 조직되면 상대방의 얼굴이 정면일 때뿐만 아니라 상하좌우로 어느 정도 각도까지는 비껴 있어도 0.2초에서 0.4초 이내에 아는 사람인지 아닌지 즉각 알아낼 수 있다.

위 그림은 사람의 대뇌를 아래에서 바라본 영상인데 대뇌 좌반구의 가장 안쪽에서 바깥쪽 순서로 집, 얼굴, 텍스트(단어), 물건을 알아보는 데 특화된 부위가 존재한다. 모든 사람의 두뇌에는 각 범주별로 시각정보를 처리하는 부위들의 순서가 모두 똑같아서 단어 텍스트를 알아보는 곳은 반드시 얼굴과 물건을 처리하는 곳 사이에 위치한다.

사실 인류가 문자를 보편적으로 활용하게 된 역사는 그리 오래되지 않았다. 기원전 4,000년경 이후부터 발달한 이집트의 신성문자와 수메르의 설형문자가 문자시스템의 시초로 알려져 있으니 상징으로서의 문자가 쓰이기 시작한 것은 불과 1만 년도 되지 않았다. 게다가 일반 대중이 문자를 평소에도 사용하기 시작한 것은 더욱 역사가 짧다. 우리나라만 해도 일반 백성에게 문자 문명이 개방된 것이 1446년부터이고 한글 사용이 보편화된 지는 몇 백 년에 불과하다.

그런데도 어떤 아이들은 분당 최대 500단어를 읽을 수 있을 정도로 엄청난 독서 속력을 뽐낸다. 어떻게 인류 진화의 장구한 역사에 비할 때 찰나에 불과한 시간 동안 인간의 두뇌는 텍스트를 고속으로 읽는 능력을 개발해낼 수 있었을까? 그 비결은 '재활용'이다. 생명과학계의 유행어 중에 "신은 위대한 땜장이(God is a great tinkerer)"라는 말이 있다. 즉, 새로운 기능이 요구될 때 없던 것을 새로 만드는 것보다 원래 있던 것을 땜질하거나 수정해서 재활용하는 것이 자연과 두뇌의 보편적 섭리다. 시각 시스템 중에서 인식 속도가 가장 빠르다고 했던 얼굴 인식 부위에서 불과 8mm 떨어진 부위에 단어 텍스트를 알아보는 부위를 초단시간에 땜질하듯 덧대는 개가를 인간의 두뇌는 이룩한 것이다.

그런데 왜 하필이면 물건을 알아보는 대뇌 부위와 사람 얼굴을 알아보는 부위 사이에 텍스트를 알아보는 부위가 '땜질'된 것일까? 최초의 문자시스템은 상징이라기보다 그림에 가까운 상형문자였으므로 물건을 알아보는 부위와 문자를 알아보는 부위가 별반 다를 필요가 없었을 것이다.

그러나 세월이 흐르면서 문자 시스템이 서서히 추상화되어 본래의 모습과 많이 달라졌다. 앞서 예로 들었듯이 알파벳 A는 뿔 달린 소(∀)를 그린 이집트 상형문자가 변형된 것이고 S는 본래 뱀의 형상을 모방해 그린 것이었지만 서서히 주변 사물과의 유사성이 상실되면서 추상화됐다. 이렇게 본래의 모습과 많이 달라진 문자들을 알아보고 복잡한 문자 시스템을 이해 및 표현하기 위해서는 명시적인 훈련과 의도적인 교육이 필요하게 된다. 추측해보건대 인간의 두뇌는 본래 존재하고 있던 사물을 알아보는 영역을 활용해 문자를 인식하다가 추상적인 상징을 익혀나가면서 얼굴을 알아보는 부위까지 동원해 글을 읽게 됐을 것이다. 그 덕분에 인간은 상당한 속도로 문자 속의 정보를 획득할 수 있는 지성을 얻었고 다른 어떤 생물보다 문명과 역사 발달을 가속화하는 결실을 맺게 됐을 것이라 추측된다.

아래 그림은 드앤이 "두뇌 글자상자 영역(letter-box area)"으로 이름 붙인 단어 텍스트 읽기 영역의 위치다. 드앤은 '글자상자'라고 칭했지만 이 부위가 제대로 발달하면 글자가 연속되어 만들어내는 단위인 단어(word)나 구(phrase)를 단번에 인식하는 것을 주요 목적으로 하

: 두뇌 단어상자 영역

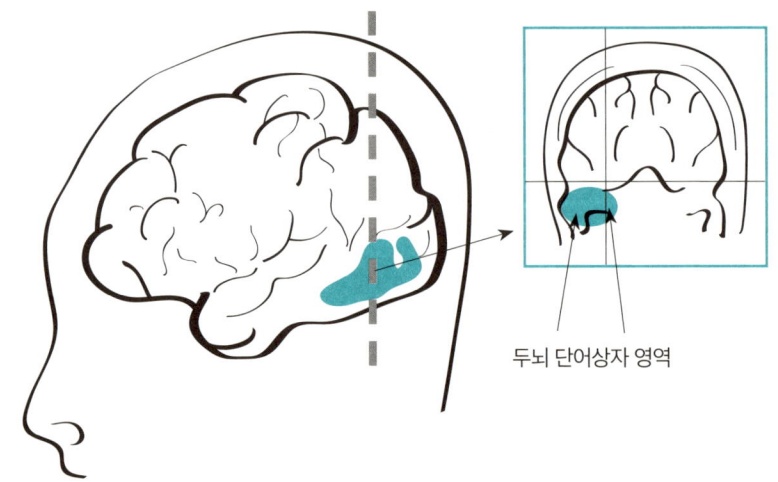

두뇌 단어상자 영역

출처: Dehaene. (2009)

므로 여기에서는 두뇌 '단어상자' 영역이라고 부르자.

## 두뇌가 언어를 처리하는 과정

지금까지 살펴본 두뇌 단어상자 영역에 대한 정보를 더하고 최신 영상 장비를 동원해 두뇌의 읽기 메커니즘에 관해 다각도로 실험한 결과들을 종합해 드앤은 다음과 같은 언어처리 모델을 제안한다. 이

: 드앤의 언어처리 모델

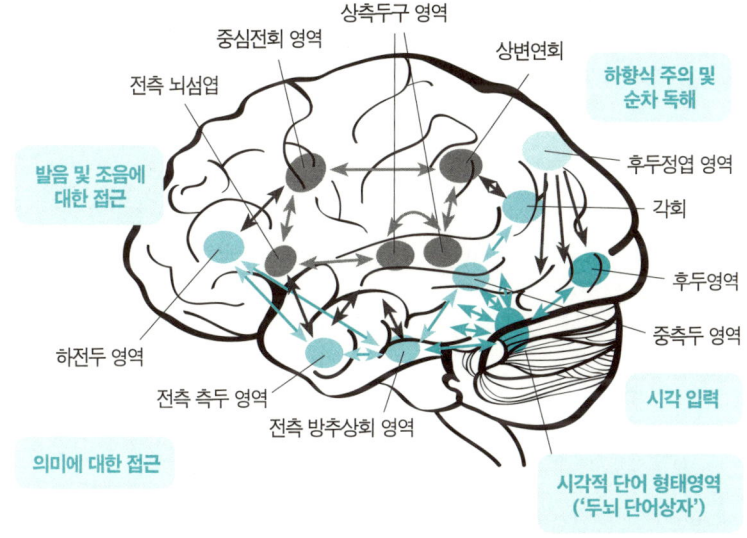

출처: Dehaene. (2009)

모델이 '영어두뇌가 만들어진다는 것'의 진정한 의미를 설명해줄 수 있다.

꽤 복잡해 보이지만 이 최신 모델에서 읽기와 관련된 요점 2개를 정리해보자.

첫째, 위 모델은 두뇌의 소리 회로와 의미 회로를 구분 및 연결해 설명하고 있다. 처음에 아이들은 우리말이든 영어이든 새로운 언어의 소리를 익히고 서서히 소리 내 읽기 시작한다. 읽기 능력이 차츰 발달하면 소리를 내어 읽지 않아도 단어의 뜻에 직접 접근할 수 있는 시기가 오는데 그러한 발달 메커니즘이 위 모델에 잘 드러나 있다.

의미와 소리가 연결되는 핵심 부위는 두뇌 뒤쪽의 각회와 상변연회(supramarginal gyrus)이고 앞쪽은 전통적 언어처리 모델의 브로카 영역과 겹치는 하전두 영역(inferior frontal region)과 중심전 영역(precentral region)이다. 전통적 언어 처리 모델에서 청각피질 및 베르니케 영역으로 묘사됐던 부분들과 다른 측두 영역들 사이의 교통로가 잘 연결되어야 소리와 의미가 능률적으로 연결된다.

교통로가 잘 연결되도록 하는 최선의 방법은 앞서 언급했던 대로 소리가 먼저, 소리 내 읽기, 듣고 따라하기, 많이 읽기 훈련이다. 충분히 오랜 기간 이러한 훈련 과정을 거치면 아이의 두뇌에서 관련 영역들 사이의 축삭 연결이 점차 미엘린화될 것이고, 미엘린이 읽기 회로의 축삭을 겹겹이 감싸주면 서로간의 신경신호 전달 속도가 오르게 되고 전체 읽기 회로의 효율은 수천 배까지 향상될 수 있다.

둘째, 가장 주목해야 할 항목은 역시 두뇌 '단어상자' 영역이다. 일반 사물을 바라보는 두뇌 부위와 단어를 읽는 두뇌 부위는 다르다. 꾸준히 읽기 훈련을 한 아이의 두뇌에는 그렇지 않은 아이에게는 열리지 않는 새로운 읽기 '고속도로'가 뚫린다. 꾸준히 영어책을 소리 내 읽고 많이 읽은 아이의 두뇌는 그렇지 않은 아이의 두뇌와 물리적으로 달라지는 것이다.

## 읽기 능력 습득 3단계

영국 유니버시티칼리지 런던의 발달심리학자 우타 프리스(Uta Frith)는 다음과 같이 읽기 능력 습득 3단계를 소개했다.

(1) 그림 단계(pictorial stage): 아이가 단어 몇 개를 '사진 찍듯' 그림으로 인식하는 (짧은) 시기

(2) 음운 단계(phonological stage): 아이가 문자를 자음과 모음으로 분절해 소리 내 읽을 수 있는 단계

(3) 철자 단계(orthographic stage): 아이가 더 빠르고 자동적으로 단어를 인식하는 단계

드앤의 언어처리 모델을 보면 이 3단계에 대한 뇌과학적 증거가 고스란히 드러난다. 처음에 아이는 글자나 단어들을 그림으로 본다. 예를 들어, 첫째 아이가 세 살 무렵이었을 때 동네의 대형마트 앞을 자주 산책한 적이 있다. 반은 재미 삼아 영어식으로 간판을 가리키며 과장스럽게 읽어주길 수차례 하자 마트 앞을 지날 때나 광고지 속에서 마트 이름을 볼 때마다 조그마한 손가락으로 영어 단어를 가리키며 정확히 소리 내 읽었다. 물론 아이는 자음과 모음을 조합해서 읽은 게 아니라 상표나 간판에 있는 글자 모두를 한 개의 그림으로서

읽었다. 이 시기 아이들의 두뇌 속 '단어상자' 영역 회로는 아직 개발되지 않았기 때문에 도로표지판처럼 단어를 비롯한 모든 기호를 그림으로 받아들이기 때문이다.

2단계로 넘어가면서 소리 회로와 의미 회로가 서서히 연결되기 시작한다. 즉, 글자를 소리로 소리를 글자로 더듬더듬 옮길 수 있고 자음과 모음을 합해서 소리 내 읽고 의미를 비롯한 개념을 연결할 수 있음을 깨닫게 된다. 아직 아이는 '읽기를 배우는 단계'에 머물러 있다. 지금 첫째 아이에게 마트 간판을 읽으라고 하면 M·A·R·T의 각 글자에 대응하는 음소를 분절해 읽어낸다. 내가 'Mart' 대신 'MARK'라고 종이에 쓰면 '마크'라고 읽어낼 수 있는 것으로 보아 첫째 아이의 두뇌에 영어 자음과 모음 개념이 온전히 습득되어 있음을 알 수 있다.

마지막 3단계의 키워드는 '자동화'다. 두뇌 '단어상자'로 향해 들어가는 신경 회로들의 미엘린화가 지속적으로 이뤄져 정보가 자유롭게 드나들고 글자와 단어를 읽는 데 특화된 '단어상자'가 견고하게 조직된다. 3단계에서 아이는 원하는 정보를 텍스트에서 자유롭게 찾아내는 '배우기 위해 읽는 단계'로 들어간다. 비로소 읽기 유창성을 획득하게 된다.

## 영어두뇌의 뛰어난 학습 능력

이렇게 두뇌 속의 읽기 '특별 전담팀'이 개발된 아이는 무엇이 달라질까? 우선 인간이 텍스트를 읽을 때의 시각적 특징을 알아야 한다.

사람의 눈은 주변을 살필 때 베어링의 금속 볼처럼 부드럽게 구르지 않는다. 사람의 안구 움직임을 시선추적기(eye-tracker)라는 장비로 촬영한 영상을 보면 사람은 대상을 바라볼 때 전체 중 부분 부분을 안구가 펄쩍펄쩍 뛰면서 이동하며 보는 현상이 나타난다. 인간은 중심와(fovea)라는, 안구 속의 직경이 0.2mm인 오목한 곳 가운데 부분에만 초점을 맞추어 주변을 보기 때문에 미끄러지듯 안구를 움직여서는 전체를 한 눈에 보는 것이 불가능하다. 그래서 안구는 마치 점프하듯 뛰며 시각적 정보를 이곳저곳에서 수집하며 이러한 눈의 움직임을 '단속적 안구운동(saccade)'이라고 한다.

다음 그림을 보면 선과 선이 만나는 곳에 검은색 점이 마치 동영상을 보듯 깜박이고 있을 것이다. 이러한 착시현상의 배후에는 단속적 안구운동이 있다. 안구가 검정 바탕과 흰 점 사이를 '뛰어다니며' 바라보기 때문에 망막 시신경세포에 잔상이 남고, 이로 인해 흡사 TV 화면을 바라보는 듯한 깜박임이 느껴진다.

사물을 바라볼 때와 마찬가지로 텍스트의 줄을 따라갈 때도 우리의 눈은 점프하듯 안구를 움직이며 읽게 된다. 우리 안구가 글을 읽

: 단속적 안구운동으로 인한 착시 현상

을 때 어떻게 움직이는지를 실제 느끼고 싶으면 이렇게 해보면 된다. 먼저 아무 책이나 펴놓고 왼쪽 눈만 감은 다음 왼손바닥 쪽 검지와 중지 끝을 눈꺼풀에 댄 채로 책을 읽으면 눈알이 건너뛰며 글을 읽는 것을 느낄 수 있다. 이런 식으로 텍스트를 읽을 때 안구 속 망막에 맺히는 상의 실제 모습은 다음 그림과 같다.

읽기에 능숙해지면 단속적 안구운동 1회당 초점(fixation) 위치 좌측으로 서너 글자 우측으로는 일곱에서 여덟 글자, 즉 10개 정도의 글자를 한 번에 볼 수 있다. 안구를 움직이는 근육의 물리적 한계로 인

: 글을 읽을 때 망막에 실제 맺히는 상의 모습

> ays a secret influence on the understa
> te ideas: he that reads books of scie
> d of improvement, will grow more

해 안구운동 속도가 제한되므로 대략 1분당 최대 400개에서 500개의 영어 단어를 읽을 수 있다는 계산이 나온다.

존스홉킨스대학교 의과대학의 루빈과 투라노(Rubin & Turano)는 읽기와 안구운동에 관한 매우 재미있는 실험 결과를 보고했다. '눈알을 움직이는 근육에는 물리적 한계가 있으므로 안구를 고정시키고 텍스트를 눈동자 앞으로 지나가게 하면 어찌될 것인가?'라는 의문을 가진 것이다. 단속적 안구운동의 물리적 한계를 없애자 정상 시력과 양호한 읽기 실력을 갖춘 실험참가자의 경우 1분에 자그마치 1,171개의 단어를 읽을 수 있었다. 잘 읽는 사람은 어땠을까? 읽기 능력이 최상급인 실험참가자 6명은 분 당 무려 1,652개의 단어를 75%의 이해도를 보이며 읽어냈다. 75%의 이해도는 정상적인 이해 범위 수준에 들어가는 수치다.

놀랍게도, 두뇌 속에 '단어상자' 회로가 제대로 형성되고 주변 시각 신경전달 경로가 미엘린으로 잘 감싸여 고속도로화가 되면 안구 운동이라는 생리적 제약이 없을 때 약 3배의 속력으로 텍스트를 읽는 게 가능해진다는 말이다. 일반 단행본 책 한 권에는 보통 5만에서 6만 단어 정도가 들어 있다. 그런데 분당 약 1,600단어를 읽을 수 있다면 하루 3시간 투자로 하루 6권, 연간 약 2,000권의 책을 독파하는 게 가능하다는 계산이 된다.

과연 두뇌 '단어상자' 영역은 대단한 괴력을 가진 특별 전담팀이라 할 수 있다. 영어 읽기 두뇌가 형성된 아이와 그렇지 않은 아이의 차이는 상상할 수 없을 만큼 크다. 영어두뇌를 만들어주면 혁명에 가까운 지적 변화를 이끌어낼 수 있다. 이것이 우리 아이의 영어두뇌를 성실히 그리고 올바로 계발해줘야 하는 이유다.

# 영어는 어떻게 기억되는가?

영어와 자전거타기의 공통점은 무엇일까? 자전거를 잘 타는 사람에게 어떻게 그렇게 자전거를 잘 타느냐고 물어봐도 딱히 말로는 설명하기 곤란하다. 이처럼 본인이 아무리 영어를 잘해도 그 요령을 말로 정확히 서술하기는 여간 어렵지 않다.

## 기억의 종류

기억에는 종류가 있다. 말로 설명할 수 있는 기억을 서술적(declarative) 기억이라 하고 자전거 타기, 피아노 치기, 영어처럼 말만

: 기억의 종류

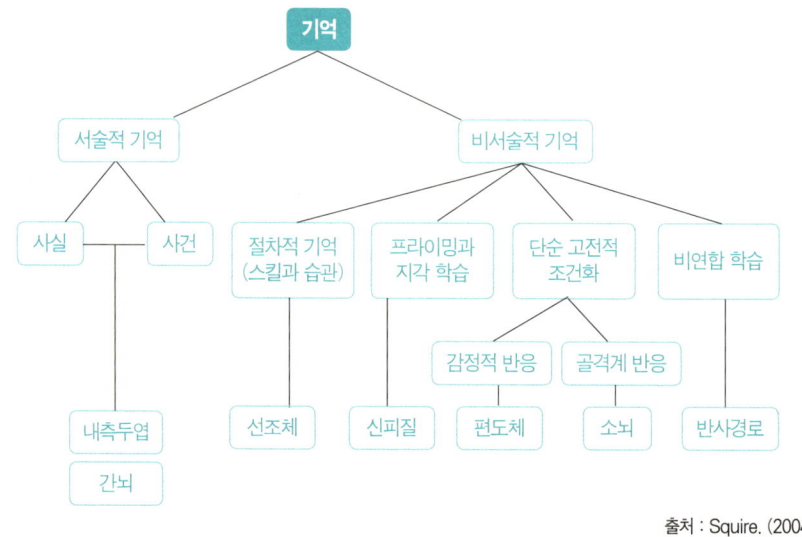

출처 : Squire. (2004)

으로는 도저히 그 방법을 설명할 수 없는 종류의 기억을 비서술적 (nondeclarative) 기억인 절차적(procedural) 기억이라고 한다.

30년 동안 기억의 신경구조를 연구한 래리 스콰이어(Larry Squire)의 분류에 따르면 다양한 기억 유형이 있는데 특히 눈여겨봐야 할 정보는 기억의 종류마다 처리되는 두뇌 부위가 다르다는 점이다. 사실과 사건에 대한 서술적 기억은 해마(hippocampus)로 대표되는 중측두엽 (medial temporal lobe) 부위가 처리하지만 절차적 기억은 선조체(striatum), 그리고 조건화와 관련된 비서술적 기억은 인간의 감정과 직결된 편

: 서술적 기억이 처리되는 부위들

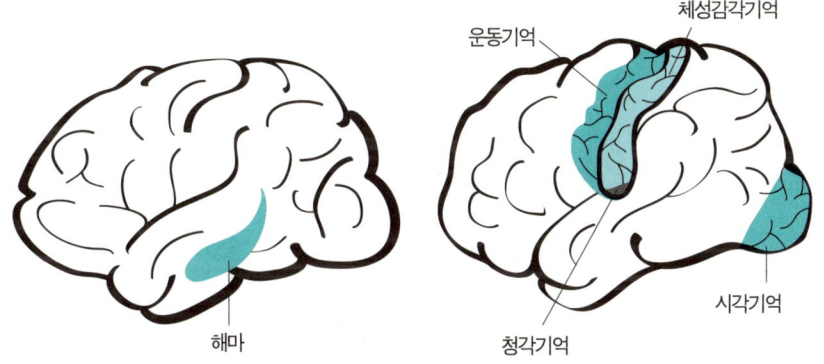

출처 : Kandel. (2007)

도체(amygdala)가 관여한다.

해마는 인간 대뇌 깊숙이 자리 잡은 구조물로서 '기억 요리사'와 같은 존재다. 고차적 판단과 집행 기능을 담당하는 전전두엽(prefrontal lobe)의 명령을 받아, 해마는 배우고 감각한 정보를 두뇌 껍질(신피질) 각 부위에 저장하도록 기억을 '가공'한다. '처리한 곳에 저장한다'는 핵심 원리에 따라 서술적 기억은 대뇌 각 부위에 저장된다. 예를 들어 따끈한 차 한 잔을 떠올려보자. 차는 그저 '차'라는 정보만 머릿속에 저장되는 게 아니라 차의 색깔 등 눈으로 본 정보는 시각피질, 차가 보글보글 끓는 소리는 청각피질, 찻잔을 만질 때의 따스한 느낌은 체성감각피질(somatosensory cortex), 차를 목으로 넘길 때의 기억은 운

: 절차적 기억이 처리되는 부위들

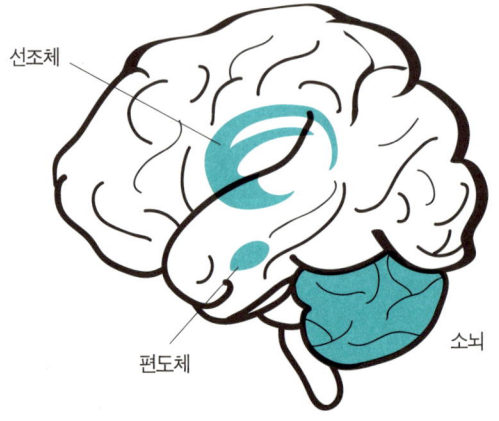

출처 : Kandel. (2007)

동피질에 저장된다. 그 외에도 그윽한 차향은 전두엽과 측두엽이 만나는 곳 안쪽에 위치한 후각피질(olfactory cortex)에, 차의 효능과 종류에 관해 암기한 지식은 주로 측두엽에 자리를 잡게 된다.

위 그림에는 '몸으로 하는 공부'로서 말로는 설명이 잘 안 되는 절차적 기억 처리에 관여하는 두뇌 부위들이 나와 있다. 서술적 기억의 경우 사과로 치면 주로 '껍질'에서 해당 정보가 처리되고 저장되는 반면 절차적 기억은 사과의 씨앗이 있는 '중심'처럼 대뇌 깊숙한 곳에서 처리된다.

선조체(striatum)는 두뇌 심부에 위치한 미상핵(caudate nucleus)과 피각(putamen)을 합해 부르는 명칭이다. 이 부위들은 앞에 언급했던 미엘린화 과정을 통해 쓰면 쓸수록 빠르고 정확하게 관련 정보를 처리할 수 있도록 회로가 효율화된다. 앞서 소개했던 드앤의 언어처리 모델에 이러한 절차적 기억 형성 부위들이 더해져야만 비로소 언어 처리에 관여하는 두뇌 회로가 완성될 수 있다.

절차적 기억과 서술적 기억을 이해하기 위해서 '하이브리드 자동차'를 떠올려보는 것도 도움이 될 것 같다. 하이브리드 자동차에는 연료를 연소시켜 구동하는 엔진과 전기를 이용해 돌아가는 모터가 함께 들어 있는데 저속에서는 전기모터만으로 차가 움직이다가 일정 속도 이상이 되거나 배터리를 충전해야 할 필요가 있으면 엔진을 가동한다. 이상적인 하이브리드 자동차라면 운전자가 모를 정도로 자연스럽게 2가지 구동 시스템이 전환되어야 마땅하다. 이와 같이 사람의 두뇌도 서술적 기억과 비서술적 기억이 쉴 새 없이 전환되거나 협업하며 기능하고 있다.

영어를 공부하고 익힌다는 것은 새로운 단어의 뜻을 외우는 상황처럼 사실에 대한 정보를 저장하는 서술적 기억 형성과, 입에서 곧바로 나올 정도로 영어를 소리 내 연습하고 대화하는 절차적 기억 형성이 동시에 진행되는 과정이어야 바람직하다. '머리'는 물론 '몸'으로 반응할 수 있어야 외국어를 제대로 활용할 수 있으니 껍질(서술적 기억)만이 아니라 속(절차적 기억)까지 두뇌를 계발하는 것이 바로 '영어두뇌 만들기'를 통해 달성해야 할 도착점이다.

## 감정을 처리하는 곳

외국어를 비롯한 절차적 기억의 형성에 개입하는 주요 두뇌 부위로는 발성기관을 포함한 몸이 자동적으로 정확한 타이밍에 움직이도록 해주는 소뇌(cerebellum)가 있다. 마지막으로 '기억의 요리사' 해마 근처에 위치한 편도체도 비서술적 기억 형성에서 핵심적인 역할을 한다. 주목할 만한 것은 아몬드를 닮아서 '편도(아몬드)체'라 이름을 붙인 이 기관의 약 70%는 '공포' 감정을 처리한다는 사실이다.

공포는 생물이 살아남기 위해 필수적인 감정이다. 물이 펄펄 끓고 있는 냄비 손잡이를 무심코 잡았다가 깜짝 놀란 아이는 의식적이든 무의식적이든 다시는 그런 짓을 하지 않게 된다. 하지만 편도체가 손상되면 의식적으로는 과거의 충격과 공포를 떠올릴지 몰라도 무의식적인 브레이크가 없어진다. 그래서 손가락이 불에 델 수 있다는 공포 감정 없이 또 다시 손으로 냄비를 잡아버릴 수도 있다.

익숙하지 않은 대상을 두려워하는 감정은 생존을 위해 동물이 태어날 적부터 두뇌 속에 새겨진 원시적 본능이기 때문에 생소한 외국어를 배우는 것은 신기하기도 하고 두렵기도 하다. 아이는 두려우면 부모를 찾기 마련이다. 영어를 배울 때 엄마와 아빠라는 보호자와 함께 하는 것이 바람직하고 절차적 기억 형성에 도움을 줄 수 있다. 부모가 영어를 잘 못하더라도 영어교육 할 때 함께 있어주는 것은 중요하다. 적어도 영어를 익히는 초기 단계에는 아이에게 영어로 된 영화 등의 프로그램을 틀어주고 아이 홀로 방치해서는 안 된다. 영어를 막 배우는 어린아이라면 할머니·할아버지라도 곁에 있기를 바란다.

또한 영어를 듣고 읽는 수용적 과정을 거쳐 말하고 쓰는 표현 단계에 접어들 때가 되면 아이 두뇌의 편도체는 쉽게 흥분할 수 있다. 즉, CD나 DVD로 영어 듣는 것은 편안하게 해도 원어민과 대화해야 하거나 온라인 컴퓨터 영어 학습 프로그램을 이용할 때 영어로 말을 해야 하는 상황이 되면 급격히 불안해하는 모습을 보일 수 있다. 이런 상황에서 아이는 든든한 '내편'을 원하기 마련이고 엄마와 아빠보다 더 믿고 의지할 수 있는 대상은 없다. 영어로 표현하는 것은 쉽지 않은 일이므로 보호자의 따스한 관심과 현명한 배려가 더욱 필요하다.

English Brain

# 두뇌 속 언어를 처리하는 영역

**대뇌피질 주요 영역들**

다음 그림은 사람의 대뇌를 왼쪽에서 바라본 모습이다. 대뇌의 표면을 피질이라 하며 편의상 4개의 주요 부위로 나뉜다.

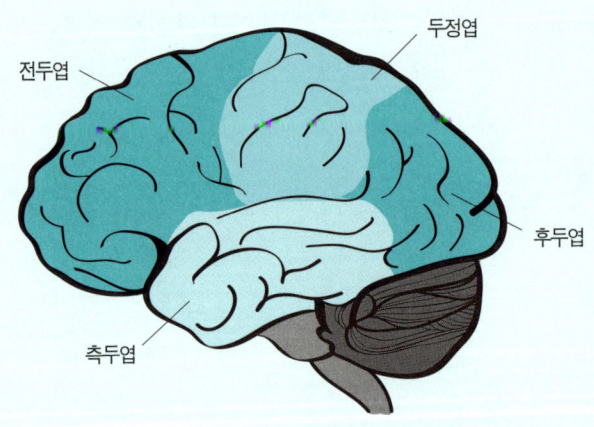

1. 전두엽(frontal lobe): 이마 부위부터 정수리 근방까지 차지하는 영역으로서 추상적인 사고나 집행기능을 담당한다. 요리를 할 때 수많은 절차를 순서대로 따라야만 제대로 음식을 만들 수 있는데 이때 필요한 것이 집행기능이다. 언어의 표현을 담당하는 브로카 영역이 전두엽에 위치하고 남이 알아들을 수 있도록 소리를 낼 수 있는 정보도 전두엽에 새겨진다. 브로카 영역 위쪽으로 띠처럼 길게 두정엽과 인접한 영역은 몸을 움직이는 명령을 내리는 운동피질이다.

2. 측두엽(temporal lobe): 귀 안쪽부터 뒤통수 근방까지의 영역으로서 소리를 듣기 위한 청각피질, 언어의 이해를 담당하는 베르니케 영역이 측두엽에 위치한다. 추상적인 개념을 담은 명사류가 측두엽에 주로 저장되는 것으로 알려져 있다. 초고속으로 텍스트를 인식하는 '단어상자' 영역은 측두엽과 후두엽이 만나는 곳 바닥 부위에 위치한다.

3. 후두엽(occipital lobe): 뒤통수 쪽의 대뇌피질이다. 후두엽의 대부분은 시각 정보를 처리하며 가장 뒤쪽을 1차 시각피질이라고 한다.

4. 두정엽(parietal lobe): 정수리에서 뒤통수 근방까지의 영역으로서 공간적인 정보를 주로 처리한다. 띠처럼 길게 전두엽과 인접한 영역은 손가락 등 인체의 각 부위의 감각이 지도처럼 그려져있는 체성감각피질이다.

## 두뇌의 언어 처리 영역

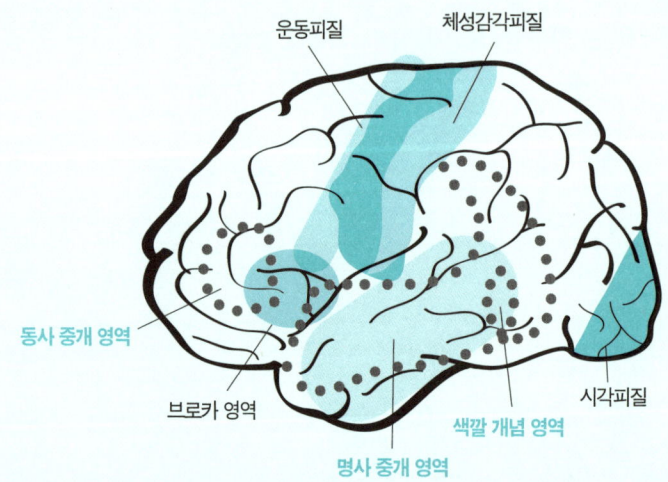

1. 동사 중개 영역: 움직임을 표현하는 동사들은 전두엽의 브로카 영역 근처에 저장되는 경향이 있다. 브로카 영역은 표현을 담당하고 인체 운동을 담당하는 운동 영역에 명령을 내리는 곳이기 때문일 것이다.
2. 명사 중개 영역: 추상적인 개념을 담고 있는 명사들은 주로 측두엽에 저장된다. 가령 'coffee'라는 단어에는 추상적인 개념에 더해 목넘김과 같은 동작, 특유의 색깔과 냄새, 뜨거운 감각, 끓이는 소리 등 각종 정보가 담겨 있는데 기억 저장의 기본원칙은 '처리된 곳에 저장된다'이다. 즉, 동작은 운동피질이나 브로카

영역주변에, 색깔은 후두엽에, 냄새는 후각피질에, 뜨거운 감각은 체성감각 피질에, 커피를 끓이는 소리는 측두엽의 청각피질에 저장되는 식이다.

# WHERE?

## 아이의 두뇌는 부모의 무릎에서 자란다

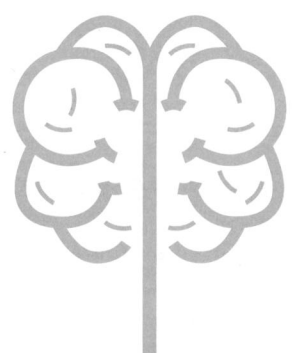

What makes the desert beautiful
is that it hides a well
somewhere.

《The Little Prince》

"구덩이를 메우지 않고서는 앞으로 나아갈 수 있는 방법이 없다 (不盈科不行)."

《맹자(孟子)》의 이 구절을 아이를 교육할 때 꼭 명심했으면 한다. 마음먹고 아이에게 영어를 가르치기 시작한 엄마와 아빠는 쉽게 조급해진다. 나름대로 열심히 읽어주고 알려줬는데 발음도 시원찮고 우리말보다 너무 어렵다며 힘들어하는 아이에게 초조해진 부모는 자기도 모르게 아이를 닦달한다.

영어를 배우고 익히는 데 '왕도(王道)'란 없다. 단 몇 주나 몇 달 만에 영어를 '마스터'할 수 있게 해준다는 광고가 시중에는 차고 넘쳐 나지만, 신경생리학적인 관점에서 판단해보면 영어두뇌 만들기에 속성 과정이란 절대 있을 수 없다. 특정 시험을 대비하기 위한 게 아니라면 일단 그런 유혹적인 광고는 거짓이라고 단정해도 좋다. 새로운 기억이 아이의 두뇌에 장기적으로 남으려면 최소 50일에서 60일 정도의 반복적인 투입이 필요하다. 미엘린화를 통해 절차적 기억화가 이뤄져서 아이의 머릿속에 제대로 길이 닦이려면 수년 또는 수십 년 동안 꾸준히 배우고 연습해야하는 것이 영어공부의 절대적 특징이다.

그러나 영어에 '정도(正道)'는 있다. 영어교육의 정도는 거듭 설명했듯 그리고 모든 진리가 그러하듯 단순 명확하다. 바로 SAIL 학습법을 부모와 아이가 함께 실천하는 것이다.

# 영어를 배우는 올바른 길

　우선 어떤 연령대이든 아이에게 영어책을 많이 읽어주고 영어 소리를 충분히 투입해서 아이가 영어 소리에 익숙해지도록 도와준다 (need the Sound). 영어로 된 노래나 동요 CD는 그 독특한 반복과 리듬, 곡조 덕분에 대부분의 아이들이 좋아하므로 재미있으면서도 매우 효과적이다. 어린 시절 동영상으로 스토리를 풀어가는 영어 DVD를 보여주면 영어란 재미있는 매체라는 인식이 자리 잡게 되며 아이 스스로 반복해서 시청하기를 원하기 마련이다. 그저 편안하게 영어 소리를 즐기고 영어에 접하도록 해야 한다.

　영어에 관심을 서서히 표하게 되면 CD나 DVD로 영어 소리를 들으면서 영어 텍스트를 손끝이나 연필 끝으로 따라가게 해준다. 영어 소리와 영어 텍스트를 자연스럽게 연결해주는 두뇌 회로가 자리 잡게 될 것이다. 매일 두세 시간씩 이 활동을 하며 1~2년이 지나면 두뇌 '단어상자' 영역이 형성되고 아이의 영어두뇌가 모양을 갖춰가게 된다.

엄마나 아빠가 꾸준히 영어책을 읽어줬거나 영어 CD 또는 DVD를 틀어줬다면 아이는 억지로 시키지 않아도 영어를 소리 내 말해보는 '모험'을 스스로 감행하기 시작한다(read Aloud, auditory Imitation). '한 구덩이를 메웠으면 앞으로 나아가기' 때문이다. 이때 아이의 소리 내 읽기를 돕거나 말하도록 도와주는 컴퓨터 프로그램을 활용해보는 것도 좋다. 어떤 것이든 아이가 두려워하고 싫어하면 시도는 해보지만 강요는 하지 말고 때를 기다려줘야 한다.

영어 소리와 영어 텍스트를 연결해서 들려주고 보여주는 활동이 몇 년 계속되었다면 기특하게도 아이는 스스로 영어책을 읽기 시작하는 때가 온다. 대중에게 널리 인정받는 영어책을 사주거나 빌려와서 영어책을 읽을 수 있는 환경을 만들어주면 된다. 미리 책의 한 토막을 읽어보거나 검색해보고 그 책에 대해 밥상머리에서 잠시 운을 띄워두면 아이가 알아서 읽기 시작할 수 있다. 그리고 영어책 읽기에 일단 재미를 붙인 아이는 알아서 많이 읽기 시작한다(read a Lot). 아이의 영어두뇌 만들기는 이제 가속도가 붙게 된다. 회로가 충분히 기능하면서 아이는 영어를 영어로 인식하지 않고 중요하고 재미있는 정보를 전달하는 도구이자 매체로서 받아들인다.

　아이의 두뇌 속 '구덩이'에 물을 채워나가는 이러한 과정이 차질 없이 진행된다면 가장 이상적인 영어두뇌 만들기 흐름이라고 할 수 있다.

## 아빠와 함께

　에피소드로 소개한 희서네, 명훈이와 지현이네, 준영이와 윤영이네는 엄마들이 가장 많은 열정과 정성을 기울였지만, 자녀교육의 배후를 든든히 뒷받침해준 이들은 아빠들이다. 희서네 아빠는 호텔 근무자로서 외국어에 관심이 많아 희서의 영어교육에 일조했다. 교육자인 명훈이와 지현이 아빠는 아이들이 바른 학습 자세를 갖도록 세심하게 규칙을 정해주고 정기적으로 돌봤다. 대학 교수인 준영이와 윤영이 아빠는 직접 영어 문법책을 들고 아이들 교육에 참여하기도 했다고 한다. 우리 집도 예외가 아니어서 아내가 맡을 분야와 내가 맡아 가르칠 분야가 묵시적으로 구분되어 있다. 퇴근 후 컴퓨터 프로그램을 이용한 영어 소리 내 읽기 활동을 직접 지도하거나, 자기 전에 서너 권의 책을 소리 내 읽어주는 등 매일 일정 시간 아이들 교육에 참여하고 있다.

아빠가 아이들 교육에 참여할 시간을 할애하는 것은 지적인 교육 효과뿐만아니라 자칫 소원해지기 쉬운 자녀와의 정서적 교감에 길을 틔울 수 있는 소중한 기회를 제공한다. 엄마들도 그렇지만 우리나라 많은 아빠들은 참 바쁘다. 가족을 부양하기 위해 사회 속에서 분주히 살아가다 보니 정작 가장 중요한 가족에게 소홀하기 쉽다. 이 때문에 아빠라는 존재가 가족으로부터 소외되기 일쑤다. 아이 교육에 부담감이 있다면 아빠가 그저 함께 있어주는 것만으로도 아이에게 최소한의 양육이 된다는 점을 기억하자.

"네 장미가 그토록 중요한 존재가 된 것은 네 장미에 들인 너의 시간 때문이란다."

## 아이의 건강한 미래

세상에는 수많은 아이들이 존재하지만 내 아이가 그 누구보다 특별한 이유는 혈육이라는 생물학적 이유에 더해 어린 시절부터 같이 지낸 긴 시간 덕분일 것이다. 하루 일과를 모두 마친 후 이 닦고 세수하고 포근한 침상에 누워 함께 책을 읽으며 도란도란 이야기를 나누는 데 불과 20~30분이면 족하다. 인류가 이룩한 가장 탁월한 지적 업적인 문자를 매개로 함께 나누는 경험은 어린 시절 아이에게 아빠를 진정 중요한 존재로 각인할 것이고 아이에게 '나는 엄마 아빠 세계의 중심'이라는 인식을 심어줄 수 있다.

"한 아이를 키우기 위해서는 온 마을이 필요하다"는 아프리카의 속담처럼 훌륭한 인재를 키우기 위해서는 수많은 사람들의 손길이 필요하다. 한 아이의 영어두뇌를 키우려면 아빠를 비롯한 가족들의 지원과 보살핌이 모두 요구됨은 두말할 나위가 없다. 엄마와 아빠, 그리고 다른 가족들이 아이에게 책을 읽어주면 고급 수준의 공통 관심사를 공유할 수 있고 가족 간에 견고한 유대감이 생겨난다. 이러한 유대감은 아이가 평생 간직할 수 있는 건강한 미래 유산이 된다.

결국 정서적인 측면을 비롯해 모든 면에서 '무릎 공부'만큼 아이에게 영어에 대해 친밀감을 주면서 효과적인 영어두뇌 만들기 비법은 없다. 가장 좋은 영어 선생님은 부모다. 부모들이 가장 원하는 것은 자녀의 행복일 것이다. 그저 말로만 생각으로만 자녀의 행복을 소망할 것인가? 당장 아이를 품에 안고 좋아하는 책을 읽어줄 것인가?

`English Brain`

# 종이책과 전자책, 아이에게 뭐가 좋을까?

둘째 아이가 만 2년 6개월 정도 됐을 때의 일이다. 유난히 더웠던 여름, 하루 일을 끝내고 퇴근해서 집에 들어가니 늘 그랬듯 녀석이 콩콩거리며 달려와서 덥석 안긴다. 둘레둘레 내 주변을 살피더니 갑자기 "으아앙~" 울어 젖히며 어디론가 헐레벌떡 도로 달려간다. 눈가에 눈물을 방울방울 매단 채 녀석이 들고 온 것은 형이 예전에 붙였던 스티커북이었다. 잠시 의아해하고 있는데 아이스크림콘 스티커가 붙어있는 페이지를 펼쳐 들고 집게손가락으로 애타게 짚어 보이는 게 아닌가. 하루 종일 더위에 시달린 아이는 얼마 전 난생 처음 맛봤던 아이스크림을 기억하고서 왜 사오지 않느냐고 아빠를 타박하고 있었다. 녀석은 말로는 의사소통을 제대로 못하니 나름대로 제 의도를 전달할 방법을 찾아낸 것이다.

아이가 새벽에 잠자는 나를 깨웠을 때 비슷한 일이 또 이어졌다. 앵앵 울면서 보채는 아이에게 "왜 우니?"라고 물으며 슬그머니 짜증을 내려던 찰라 아이가 컴컴한 거실에서 뭔가를 들고 들어온다. 전에 읽어준 적이 있는 책 속에 나온 그림을 가리키며 애절하게 엄마 아빠를 쳐다보는 아이의 모습에 우리는 웃을 수밖에 없었다. 왼손에 든 책의 한 부분을 가리키고 있는 조그만 오른손가락 끝에는 우유가 가득 담긴 유리잔 그림이 있었던 것이다. 만 2세에 말을 제대로 못하는 단계에 머물러 있던 아이의 이런 행동은 그 후에도 이어졌다. 가족 사이의 대화중에 여우·오소리·코뿔소·초콜릿·빵 등의 단어가 귀에 들리면 녀석은 드넓은 책장 어디선가 책을 빼와서 여우·오소리·코뿔소·초콜릿·빵 등의 그림이 나온 페이지를 정확하게 펼쳐 우리에게 들이밀곤 했다. 아이의 이런 모습을 보며 만일 아이가 컴퓨터 스크린이나 스마트폰으로만 그림을 접했다면 과연 단 몇 초 만에 원하는 책을 들고 와서 해당 쪽을 펼쳐 보이며 우리의 공감을 불러일으킬 수 있었을까 생각해본 적이 있다.

요즘처럼 스마트폰이나 태블릿PC, e북 등 화려한 전자매체가 넘쳐나는 시대에 종이책보다 전자매체를 활용하는 부모가 급증하고 있다. 미국의 경우 전자책 시장이 차지하는 비율은 2024년 현재 20.8%에 달한다고 한다. 일단 전자매체를 이용하면 소리도 나고 동영상도 볼 수 있으니 밋밋한 종이책보다 아이의 두뇌 계발에 더 좋을 것이라 여겨 어떤 부모들은 자동차 뒷자리에 태블릿PC 거치대까지 달아놓고 아이에게 시도 때도 없이 보여주기도 한다. 말과 글을 한창 배우고 있는 아이에게 무엇이 더 좋은 매체일까? 종이책일까, 전자책일까?

결론부터 말하자면 책을 많이 읽는 아이로 키우고 싶다면 어릴수록 종이책을 활용하는 것이 훨씬 낫다. 이어지는 내용은 〈사이언티픽어메리칸지(Scientific American)〉에 게재된 기사에 상당 부분 기초하고 있다.

전자매체를 주로 만지작거려온 두 살 여자아기가 아이패드를 벌써 능숙하게 다룬다. 손가락으로 쓸어 페이지를 넘기고 아이콘을 정렬시키고 두 손가락으로 집고 벌리며 화면을 축소했다 확대했다 한다. 이 아기에게 종이 잡지를 쥐어 줬더니 마치 아이패드의 터치스크린을 조작했을 때처럼 손가락으로 페이지를 쓸어보고 손가락으로 집고 벌려봐도 아무 변화가 없자 손가락으로 다리를 꾹 눌러본다. 손가락에 이상이 있는지 확인해보기 위해서다. 이 아기의 아버지는 "종이 잡지는 이제 디지털 시대에 쓸모가 없다"고 말했다.

그런데 사실은 그렇지 않다. 전자책에 비해 종이책이 갖는 이점이 워낙 많기 때문이다. 종이책의 장점을 살펴보자.

### 1) 감각적으로 좋다

사람들은 특정 문자 정보를 찾으려할 때 원하는 텍스트가 어디에 나왔는지 위치를 추적하는 경향이 있다고 하는데 종이책은 전자책에 비해 훨씬 분명한 위치감을 제공할 수 있다. 종이책은 왼쪽과 오른쪽 페이지가 있고 총 8개의 모서리가 있다. 페이지를 펼치면서 여기가 시작부분인지 끝부분인지 당장 알 수 있고 종잇장을 손으로 만지며 두께와 질감과 때로는 냄새까지도 느낀다. 책장을 손가락으로 넘기는 행위 자체가 리듬감을 주고 책 속 여행이 어디까지 진행됐는지 손쉽게 알아볼 수 있다. 종이책으로 읽으면 책 전체를 놓치지 않으면서 지금 읽고 있는 위치가 어디인지를 직관적으로 느낄 수 있다.

하지만 전자책, 스마트폰, 태블릿PC 등의 전자매체는 동일한 정보를 담고 있더라도 종이책에 비해 선명한 위치감을 제공해주지 못한다. 스크린은 단 하나다. 가상의 페이지를 만들어 쪽수를 붙이더라도 사람이 물리적으로 느끼는 면은 딱 한 개, 그 이상도 그 이하도 아니며 스크린에 떠올랐던 정보는 순식간에 사라지고 새로운 정보로 바뀐다.

반면 종이책은 넘길 때 소리가 나고 잉크와 종이 냄새가 난다. 손에 들면 두께도 무게도 책마다 다 다르다. 종이책은 보고 느끼고 듣고 냄새 맡을 수 있다. 어떤 사람은 (졸면서) 책에 입을 대고 맛도 본다. 반면 전자책은 동화 한 편이든 10권짜리 장편소설이든 물리적으로 똑같은 화면에 출력될 뿐이다. 종이책과 전자책은 마치 운동화나 구두 등 상황에 따라 여러 종류의 신발을 신고 직접 지면을 발로 느끼며 걷느냐, 아니면 똑같은 소파에 앉아 똑같은 화면 위로 띄워지는 풍경을 구경하느냐와 비슷하다. 풍경 자체에 대한 정보의 양은 비슷할지 몰라도 두뇌가 받아들이는 정보의 질과 양은 확연히 다르다.

### 2) 마음대로 활용할 수 있다

종이책은 통제력을 발휘할 수 있다. 인간은 언제나 '손맛'을 원하기 마련인데, 전에 읽었던 내용을 다시 찾아보고 싶을 때 종이책은 자유롭게 그 부분을 휙 펼쳐볼 수 있고 앞으로 나올 내용도 잽싸게 넘겨볼 수 있다. 종이책이라면 떠오르는 생각을 여백에 적을 수도 있고 밑줄도 치고 형광펜으로 표시할 수도 있을 뿐만 아니라, 원하는 대로 페이지를 접고 구길 수 있다. 물론 찢을 수도 있다. 종이책 흉내만 내는 전자책에 비해 종이책이라면 읽는 이가 마음대로 '권력'을 휘두를 수 있기 때문에 책 속의 텍스트에 '뛰어 들어가' 자기 것으로 만들고 싶은 사람 대부분(약 80%)은 전자매체의 텍스트를 종이에 프린트해서 읽는 것을 여전히 더 좋아한다.

### 3) 이해도가 다르다

전자책에 비해 종이책으로 읽은 것을 더 잘 이해할 수 있다. 한 실험에서 72명의 초등학교 고학년 학생들을 무작위로 두 그룹으로 나누어 한 그룹은 종이로 다른 그룹은 15인치짜리 컴퓨터 LCD 화면에 약 5쪽 분량의 PDF 파일을 띄워 글을 읽도록 했다. 읽은 내용을 문제풀이를 위해 다시 참조할 수 있도록 한 조건에서 객관식 및 단답형 주관식 형태로 이해도를 테스트해보니 종이로 읽은 그룹이 약간 더 우수한 결과를 보였다. 이런 결과가 나온 이유를 분석해보자면 종이 그룹은 글을 한 손에 들고 즉각적으로 필요한 정보를 찾아낼 수 있었던 반면 컴퓨터 스크린 그룹은 한 번에 일정 분량만 스크롤하거나 클릭해서 정보를 찾을 수 있었기 때문이라고 해석할 수 있었다. 전자매체에 비해 종이책은 얼마나 읽었고 앞으로 얼마나 더 읽어야 하는지 그리고 정보가 본문 중 어디에 위치하고 있는지를 분명히 인식할 수 있기 때문에 더 잘 이해할 정신적 여유를 가질 수 있다.

### 4) 기억하는 방식이 다르다

종이책으로 읽은 것은 장기기억화하기 유리하다. 이해도는 읽은 직후에 측정하는 방식으로 대개 판별하므로 종이책으로 읽은 후 이해도 차이는 크게 드러나지 않는다. 그런데 글을 읽은 후 시일이 꽤 지난 다음 기억 정도를 측정해보면 전자책으로 읽은 것은 의도적으로 떠올려야 하지만 종이책으로 읽은 것은 '그냥' 안다. 그냥 안다는 것은 제대로 장기기억화 됐다는 뜻이다.

### 5) 피로도가 다르다

컴퓨터나 스마트폰 화면은 발광면이기 때문에 장시간 주시하면 눈의 피로도가 급격히 올라가고 두통과 시력 저하를 유발할 수 있다. 컴퓨터를 베이스로 하는 읽기 시험을 보고난 학생들은 예외 없이 종이책으로 시험을 본 학생들보다 스트레스 수치가 높았다. 이와 관련해 82명의 참가자를 대상으로 진행된 흥미로운 실험이 있다. 컴퓨터 화면을 스크롤해서 글을 읽어야 하는 방식으로 읽기 시험을 본 사람들은 페이지가 분명히 구분된 형식으로 되어 있어 클릭하기면 하면 페이지가 넘어가는 방식으로 글을 읽고 문제를 푼 사람들에 비해 시험 점수에는 별 차이가 없었지만 이어 실시된 주의집중력 및 작업 기억 테스트에서는 점수가 떨어졌다. 이것은 스크롤 방식으로 글을 읽을 때 주의집중력이 감소되고 작업 기억도 많이 소모된다는 증거다.

전자매체의 장점 중 하나는 화려한 도표 등의 그래픽, 지도, 순서도, 동영상 및 사운드트랙 등을 포함시킬 수 있다는 점일 텐데 오히려 전자매체가 제공하는 풍부한 자료로 인해 인간의 작업 기억에 상당한 부하가 걸릴 수 있다. 작업 기억이란 우리 마음속의 책상과도 같은 특수한 기억이다. 책상 위에 넘쳐날 정도로 너무 많은 작업물이 올라가 있으면 도움이 되기보다 혼란스러울 것은 당연하다.

게다가 스마트폰이나 컴퓨터로 글을 읽다보면 화면을 전환해서 검색도 하고 싶고 갑자기 게임이나 이메일 확인도 하고 싶어지는 등 주의를 분산시키는 요소가 너무 많다. 여간해서는 차분히 집중해서 글을 읽을 수 없는 상황으로 몰아가는 것이다.

### 6) 글을 대하는 자세가 달라진다

전자매체로 글을 읽을 때 사람들은 의식적이든 무의식적이든 글에 '진지하게' 접근하지 않는다. 2005년에 113명을 대상으로 한 실험에서 밝혀진 바에 따르면 스크린으로 읽는 사람은 종이책을 읽는 사람에 비해 차분히 글을 읽지 못해 둘러보고 훑어보고 키워드를 찾아내는 데만 치중할 뿐만 아니라 한번 읽은 글을 또 다시 읽는 경우가 거의 없다. 전자매체로 글을 읽을 때 사람들은 종이책을 읽을 때처럼 목표를 세워서 어려운 부분을 거듭 읽고 얼마나 이해하고 있는지 점검하지 않는다.

하지만 종이책으로 읽으면 오직 책에만 진득하게 주의를 집중하며 보다 효과적으로 작업 기억을 활용하므로 독서 전략을 충실히 동원할 수 있다. 실제로 단 7분 동안만 텍스트를 읽고 문제 풀이를 시켰을 때는 전자책이든 종이책이든 점수 차이가 거의 발생하지 않았지만, 읽기를 할 수 있는 시간 여유를 충분히 주었을 때는 종이책으로 학습한 학생이 100점 만점에 10점을 더 얻어냈다는 실험 결과도 있다.

### 7) 책을 사용하고 소유한다

전자책은 '사용(use)'한다고 하지 '소유(own)'한다고 하지 않는다. 종이책에 비해 전자책은 만질 수 있는 실체가 없고 순식간에 사라져버리기 때문에 '유저'와 '오너'라는 결정적인 차이가 발생하는 것이다. 단순히 정보를 얻는 것만이 목적이라면 전자책이든 종이책이든 크게 상관이 없다. 하지만 책은 우리 아이들이 '소유'하는 재산이자 '사용'하는 정보원이 되는 것이 옳다. 이 2가지 목적에 더 충실한 것은 단연코 종이책이다. 베스트셀러 《책 읽는 두뇌》의 저자이자 미국 터프츠대학교 교수인 매리언 울프는 이렇게 설명했다.

"책읽기에는 '물리성(physicality)'이 있어서 옛날 형식(종이책)의 장점들을 결코 무시할 수 없으며, 새로운 매체(전자매체)는 언제 사용할지를 알고 있으면 된다."

매리언 울프는 'case by case'에 동의했다. 먼 곳에 여행을 갈 때 짐이 될 수 있는 종이책 대신 전자책을 이용하면 수십 수백 권의 책이나 자료를 손쉽게 휴대할 수 있으므로 이런 경우에는 기꺼이 전자책을 지참하면 될 것이다. 또한 신문이나 잡지 기사라면 깊이 생각하며 반복적으로 읽어야할 필요가 별로 없으니 전자매체로 가볍게 읽어 필요한 정보를 얻으면 그만이다.

그러나 수십 수백 번 반복해서 읽으며 모국어와 외국어를 익혀야 하는 아이들에게는 여전히 종이책이 더욱 막강한 효과를 발휘할 수 있다. 제 발로 걷고 뛰며 여행해야 근육과 뼈가 튼튼해지듯이 종이책으로 기본기를 잘 다진 후에 전자책을 상황에 따라 '이용'하는 방식이 더 현명한 선택이다. 물론 종이책에 비해 즉각적인 피드백이 가능하고 정교하게 반복시켜주기 위해서는 컴퓨터 매체가 더 유리할 수도 있다. 결국 원칙 있는 'case by case'를 적용해야 한다.

## 참고문헌

- 박순(2010), 《뇌과학으로 알아보는 혁신적 영어 학습법》 IGSE 출판부.

- 박순 外(2011), 《영어책 읽는 두뇌》 뉴로사이언스러닝.

- 서정록(2007), 《잃어버린 지혜, 듣기》 샘터.

- 이신애(2011), 《잠수네 영어 학습법(입문로드맵)》 랜덤하우스코리아.

- 한국교육개발원 연구자료(2012), 《학부모용 영재교육 자료개발, 행복한 영재 함께하는 부모-유아 및 초등저학년 영재부모용》 한국교육개발원.

- Norman Doidge(2008), 《기적을 부르는 뇌(The Brain that Changes Itself)》 지호.

- Michael Gazzaniga(2009), 《왜 인간인가》 추수밭.

- Paul Madaule(2008), 《리스닝 훈련을 통한 청각적 난독증의 개선》 GTI코리아.

- Bear, M., Connors, B., & Paradiso, M.(2006). *Neuroscience: Exploring the brain*(3rd ed.). Lippincott Williams & Wilkins.

- Catani, M. & ffytche, D. H. (2005). The rises and falls of disconnection syndromes. Brain, 128(10), 2224-2239. https://doi.org/10.1093/brain/

- Davis, D.(2004). The Davis addendum to the Tomatis Effect. 148th Meeting of the Acoustical Society of America(November 15–19, 2004).

- Dehaene, S.(2009). *Reading in the brain*. Viking.

- Diedron, A., & Szczepaniak, A.(2012). Working memory and shortterm memory abilities in accomplished multilinguals. *Modern Language Journal, 96*(2), 290–306.

- Fox, M.(2008). Reading magic: *Why reading aloud to our children will change their lives forever*. Harcourt.

- Gazzaniga, M. S., Ivry, R. B.,& Mangun, G. R.(2009). *Cognitive neuroscience: The biology of the mind* (3rd ed.). Norton.

- Hernandez, A. E., & Li, P.(2007). Age of Acquisition: Its neural and computational mechanisms. *Psychological Bulletin, 133*(4), 638–650.

- Ioup, G., Boustagoui, E., Tigi, M., & Moselle, M.(1994). Reexamining the critical period hypothesis: A case of successful adult SLA in a naturalistic environment. *Studies in Second Language Acquisition*, 16, 73–98.

- Jabr, F.(2013, April 11). The reading brain in digital age: The science of paper versus screen. *Scientific American*. Retrieved from http://www.scientificamerican.com/article.cfm?id=reading–paperscreens

- Jespersen, Otto.(1904). *How to teach a foreign language*. Routledge

- Kim, K., Relkin, N., Lee, K. M., & Hirsch, J.(1997). Distinct cortical areas associated with native and second languages. *Nature*, 388, 171−174.

- Kandel, E., Schwartz, J., Jessell, T., Siegelbaum, S., & Hudspeth, A.(2012). *Principles of Neural Science* (5th ed.). McGraw Hill.

- Kandel, E.(2006). *In search of memory: The emergence of a new science of mind*. Norton.

- Knudsen et al.(2006). Economic, neurobiological, and behavioral perspectives on building Americas future workforce. *PNAS, 103*(27), p. 10159.

- Krashen, S., Long, M., & Scarcella, R.(1979). Age, rate and eventual attainment in second language acquisition. *TESOL Quarterly*, 13(4), 573−582.

- Kuhl, P.(2004). Early language acquisition: Cracking the speech code. *Nature Reviews Neuroscience*, 5, 831−843.

- Liu, Z.(2005). Reading behavior in the digital environment: Changes in reading behavior over the past ten years. *Journal of Documentation*, 61(6), 700−712.

- Mampe, B., Friderici, A., Christophe, A., & Wermke, C.(2009). Newborn's cry melody is shaped by their native language. *Current Biology*, 19(23), 1994−1997.

- Mangen, A., Walgermo, B., & Bønnick, K.(2013). Reading linear texts on paper versus computer screen: Effects on reading comprehension. *International Journal of Educational Research*, 58, 61−68.

- Marinkovic, K., Dhond, R., Dale, A., & Halgren, E.(2003). Spatiotemporal dynamics of modality−specific and supramodal word processing. *Neuron*, 38, 487−497.

- Mayberry, R. I.(2007). When timing is everything: Age of firstlanguage acquisition effects on second−language learning. *Applied Psycholinguistics*, 28, 537−549.

- Merton, R. K.(1968). The Matthew Effect in science. *Science, 159*(3810), 56−63.

- Merzenich, M., Nelson, R., Stryker, M., Cynader, M., & Schoppman, A. (1984). Somatosensory cortical map changes following digit amputation in adult monkeys. *Journal of Comparative Neurology*, 224, 591−605.

- Moon, C., Lagercrantz, H., & Kuhl, P.(2013). Language experienced in utero affects vowel perception after birth: A two−country study. *Acta Paediatrica, 102*(2), 156−160.

- Moon, C., Cooper, R. P., & Fifer, W. P.(1993). Two−day olds prefer their native language. *Infant Behavior and Development, 16*(4),495−500.

- Pascual−Leon, A., Amedi, A., Fregni, F., & Merabet, L.(2005). The plastic human brain cortex. *Annual Review of Neuroscience*, 28, 377–401.

- Rubin, G. S., & Turano, K.(1992). Reading without saccadic eye movements. *Vision Research*, 32(5), 895–902.

- Saint-Exupéry, A.(2000). *The Little Prince*. (translated by Richard Howard). Harcourt.

- Sousa, D.(2006). *How the brain learns* (3rd ed.). Corwin Press.

- Squire, L.(2004). Memory systems of the brain: A brief history and current perspective. *Neurobiology of Learning and Memory*, 82, 171–177.

- Stanovich, K.(1986). Matthew effects in reading: Some consequences of individual differences in the acquisition of literacy. *Reading Research Quarterly*, 21(4), 360–406.

- Tomatis, Alfred A.(2005). The Ear and the Voice. (translated by Roberta Prada and Pierre Sollier). Scarecrow Press.

- Trelease, Jim.(2006). *Read-aloud Handbook* (6th ed.). Penguin.

- Ullman, M., Pancheva, R., Love, T., Yee, E., Swinney, D., & Hickok, G.(2004). Neural correlates of lexicon and grammar: Evidence from the production, reading, and judgement of inflection in aphasia. *Brain and Language*, 93, 185–238.

- Ullman, M.(2001). The declarative/procedural model of lexicon and grammar. *Journal of Psycholinguistic Research*, 30(1), 37–69.

- U.S. Department of Education.(2021). IEA's Progress in International

Reading Literacy Study: PIRLS 2021 International Results in Reading— Countries' Reading Achievement. National Center for Education Statistics. Downloaded from https://pirls2021.org/results

- http://www.tomatis.com.au/languages.php(토마티스가 소개한 언어별 주파수 대역)
- http://highschoolbioethics.georgetown.edu/units/cases/unit3_4.html(지니에 대한 정보)
- https://www.ef.com/assetscdn/WIBIwq6RdJvcD9bc8RMd/cefcom-epi-site/reports/2023/ef-epi-2023-english.pdf (EF EPI 보고서)

## 찾아보기

높낮이
뉴런(neuron)

### ㄷ

다독(extensive reading)
단속적 안구 운동(saccade)
달팽이관(cochlea)
도서관
두뇌 가소성(brain plasticity)
두뇌 네트워킹
두뇌 '단어상자' 영역
(ventral occipito-temporal region)
두뇌 속 어휘 창고(Lexicon)
두 단어 말하기 단계(two-word stage)
디코딩(decoding)
따라 말하기(mirroring)
땜장이(tinkerer)

### ㄱ

각회(angular gyrus)
게임
결정적시기(critical period)
공포
교세포(glia cell)
국어독서능력
궁형속(arcuate fasciculus)
글말(문자언어)
글자-소리 대응 관계
기저전뇌핵(basal forebrain)

### ㄴ

노래
뇌 과학 기반 영어훈련 프로그램
뇌 유래 신경성장 인자

### ㄹ

라틴어
로마 가도
리터러시(literacy)

## ㅁ

마이클 머제니크(Michael Merzenich)
마태효과(Matthew Effect)
많이 읽기(Read a Lot)
말과 글
모국어
몸으로 하는 공부
무릎 공부
무릎 영어
묵독
문법(성)
문자
미상핵(caudate nucleus)
미엘린(myelin)
미엘린화(myelination)
'미친' 영어 철자법
민감한 시기(sensitive period)

## ㅂ

반복
베르니케 영역
베르니케-게슈빈트 모델

분절(分節)
불안
브로카 영역
비분절음

## ㅅ

사교육
사이트워드(sight words)
상변연회(supramarginal gyrus)
상형문자
서술적(declarative) 기억
선조체(striatum)
세계 명작 동화
소뇌(cerebellum)
소리 내 읽기(Read Aloud)
소리 회로(phonological loop)
수상돌기(dendrite)
수어, 수화(sign language)
스토리
시냅스(synapse)
신경 고속도로
신경전달물질(neurotransmitter)

신경조절물질(neuromodulator)
신생아

## ㅇ
아빠의 교육
아세틸콜린(Acetylcholine)
알프레드 토마티스(Alfred Tomatis)
암기
애착
어린왕자
어휘력
언어 고속도로
언어별 주파수
연령별 영어 학습 방법
영어 경계심
영어 고속도로
영어 공교육
영어 말하기
영어 인사
영어 전용도로
영어 챕터북
영어 철자법

영어능력지수
영어동요
영어유치원
오디오북
외적인 동기부여 장치
운동 피질(motor cortex)
유리 상자
유창성
음소(phoneme)
음소 인식 능력(phonemic awareness)
음악과 언어
음운 디코딩(phonological decoding)
의미 회로(semantic loop)
이중 언어 환경
1차 시각피질(primary visual cortex)
읽기 교육
읽기 근육
읽기 능력 습득 3단계
입말(음성언어)

## ㅈ
자기충족적 예언

자동성(automaticity)
자동화
자막
자발적 영어 묵독(voluntary silent reading)
자신감
자음과 모음
자전거 교육
장기기억
재미, 흥미
전전두엽(prefrontal lobe)
절차적(procedural) 기억
정도(正道)
정서적 교감
조기 영어교육
조기유학
조셉 콘라드(Joseph Conrad)
종이책과 전자책
줄리(Julie)
지니(Genie)
지식의 저주
직관

집중듣기

## ㅊ

책 육아
청각 전정계(vestibule)
청각피질(auditory cortex)
체성감각피질
축삭(axon)

## ㅋ

컴퓨터 영어 학습 프로그램
코드 스위칭(code switching)
텍스트

## ㅍ

파닉스(phonics)
파스쿠알―레오네(Pascual-Leone)
패트리샤 쿨(Patricia Kuhl)
편도체(amygdala)
피각(putamen)
픽처북

## ㅎ

하이브리드 자동차

한글

한글 읽기와 쓰기

한글 자모법칙

해마(hippocampus)

형태소 인식 능력

형태음소어(morphophonemic language)

흘려듣기


BDNF(Brain-Derived Neurotrophic Factor: 뇌 유래 신경성장 인자)

Learn to read

Read to learn

# 부록

부록 1

# 영어두뇌 개발 그 후 10년…

### 첫째 아이와 둘째 아이

**첫째 아이**

"아빠, 밖에 있는 빨간 버튼을 눌러야 뜨거운 물이 나오죠!"

첫째 아이가 초등학교 4학년이던 2017년 겨울방학, 그간 연습한 영어 실력도 발휘하게 해볼 겸 일부러 영어권 국가인 뉴질랜드를 선택하여 가족 모두 첫 해외여행을 떠났다. 직접 운전하며 시골 마을을 지나가다가 '피쉬앤칩스' 가게 앞에 차를 세우고 동전을 쥐어 주면서 사오도록 시켰더니 첫째 아이가 동생과 함께 달려가서 먹을거리가 든 종이 봉투를 들고 자랑스럽게 돌아오는 모습을 흐뭇하게 지켜보았다. 그레이마우스라는 곳에서는 '키위 홀리데이파크'라는 숙소에 들었는데 자동차 캠핑장이어서 샤워실이 공용이었다. 첫째 아이와 함께 걸어 내려가 샤워 부스에 들어가서 온수를 틀고 기다려도 따뜻한 물이 나오지 않기에 난감해하는 아빠 얼굴을 잠깐 바라보더니 녀석이 공용 샤워장 입구에 있는 빨간색 단추를 눌러야지 따뜻한 물이 나온다고 했다. "너 어떻게 이걸 알았니?"라고 묻자 아이가 말하길 "아까 샤워장 들어올 때 벽에 붙어 있었는데 못 보셨어요?"라고 되묻는다.

옷을 다시 챙겨 입고 샤워장 문을 열고 나가보니 꽤 긴 영어로 쓰인 안내문이 입구 바로 옆 벽에 붙어 있었다. 분명 나와 함께 입장하면서 스윽 보았는데도 아이는 온수를 사용하려면 안내문 바로 아래 달려있는 빨간 버튼을 눌러야 하며 그러면 약 5분간 더운 물이 나온다는 영어 안내문을 재빨리 읽고 그 의미도 정확히 파악하고 있던 것이다. '녀석, 이제 나보다 더 빨리 영어를 읽을 수 있게 되었구나'라는 생각이 들던 장면이었다.

SAIL 학습법에 준하여 영어두뇌를 개발하면서 영어 읽기가 자동화된 첫째 아이는 필요한 정보를 구글에서 영어로 검색하여 정보를 습득하곤 했다. 컴퓨터에 남다른 관심을 갖고 있던 아이는 C++을 비롯한 각종 컴퓨터 프로그래밍 언어를 대부분 독학으로 공부했다. 영어를 도구처럼 쓸 수 있었기 때문에 가능한 일이었다. 직접 휴대폰을 프로그래밍하여 괴짜 타이머도 깔고 동생이 영어 집중듣기를 편히 할 수 있는 프로그램도 짜서 거실 컴퓨터에 설치해 주기도 했다.

영어로 인해 재능을 발견하고 실력을 키우던 아이는 과학영재학교에 2023학년도 우선 선발 대상자로 합격하여 현재 2학년에 재학 중이다. 최근에는 재학 중인 영재학교 선생님의 부탁으로 데스크톱, 패드, 휴대폰으로 모두 접근할 수 있는 자율학습 신청 및 상벌점 관리 시스템을 직접 개발해서 학교에 무상으로 제공하여 선생님들과 친구들의 호평을 받은 것을 보면 상당한 수준의 컴퓨터 코딩 실력을 갖추고 있는 듯하다. 작년부터 생성형 AI 모델(챗GPT)을 구독하도록 했더니, 모든 질문을 영어로 입력하고 영어로 출력된 답변을 읽고 있음을 채팅기록을 통해 알 수 있었다(아빠와 계정을 공유하고 있다). 이 아이에게 영어는 숨을 쉬듯 자연스럽다.

중학교 1학년 시절부터 엄마가 대학수학능력시험 모의고사 영어 문제를 건네주기 시작했다. 큰 기대 없이 풀어보도록 했는데, 1번에서 17번까지 듣기 문항은 항상 만점이었고 명시적으로 공부하지 않았던 문법 문항이나 고난이도 빈칸채우기 문제 일부를 제외하고는 늘 1등급이 나왔다. 즉, 영어 모의고사 전체 45문항 중 오답 수가 4문항 이하로 나왔다는 뜻이다. 특별히 문법을 가르치지 않았어도 얻은 성과였다.

2023년 중학교 졸업식이 가까울 무렵, 공인 영어시험에 응시해볼 것을 권유했다. 고등학교 진학 전 TOEIC 모의고사 책을 사주었는데 3월에 집 근처 중학교에서 정식으로 TOEIC 시험을 보았다. 입학 준

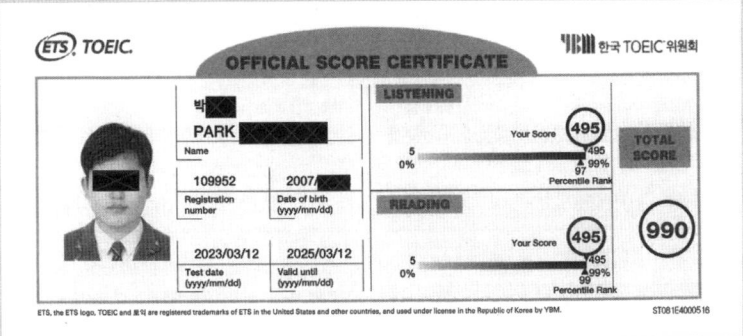

비 등으로 바빴으므로 모의고사 2~3회 정도만 풀어본 상태였지만 듣기 100문항 및 말하기 영역 100문항에서 모두 만점(990점)을 받았다. 우리나라 대학 컴퓨터 관련 학과에서 전공한 후 미국 유학을 고려하는 것이 현명하리라 판단되어 요즘은 iBT, SAT, ACT 등의 시험을 준비해보라고 권하고 있다.

### 둘째 아이

"《초한지》 빌려 오라고 아빠에게 전화드리기"

둘째 아들에겐 비밀인데, 영어에 특별한 거부감을 보이지 않던 둘째에게는 한글이든 영어든 문자를 명시적으로 가르치지 않기로 했다. 첫째 아이가 수십 권의 동화책을 귀로 듣고 전부 암기했던 이유는 글을 몰랐기 때문이기도 했을 것이다. 한글 읽기가 자동화되면서 기적같은 암기 능력이 약해졌다. 글을 일찍 배울수록 사회성에 부정적 영향이 있을 가능성이 높다는 연구 결과도 보았다. 하지만 둘째 아이는 한글을 스스로 깨우쳤다. 아이는 형에 비해 더욱 열렬한 한글 책 독서가로 성장했다.

유치원 시절부터 각종 학습 만화들을 섭렵하던 모습도 잠시, 초등학교 2학년 어느 날인가 거실 서가 높은 곳에서 발견한 열 권짜리 《서유기》를 차례차례 빼 읽는 것을 보고 아빠가 던져준 빛바랜 《삼국지》 열 권을 다섯 번 이상 반복해서 읽었다. 《수호지》 열 권도 읽고, 《앗!》 시리즈 100여 권도 거의 다 읽었다. 초등학교 3학년이 된 아이가 책상에 붙여 놓은 포스트잇이 아직도 아빠 수첩 속에 붙어 있다. "《초한지》 빌려 오라고 아빠에게 전화드리기." 학교 도서관에서 빌려온 그 책 열 권도 두세 번 읽었다. 세계 역사를 알아야 현재의 우리를 알 수 있다면서 내가 권한 《로마인 이야기》 열 다섯 권은 중학교에 입학한 올해까지 4회독을 하고 있다.

한글 읽기 수준이 충분히 자동화되었다고 판단한 시점이 초등학교 4학년이었고 그 해부터 《매직트리하우스》, 《해리 포터》 등의 영어 텍스트를 짚어가면서 오디오 파일을 듣도록 훈련하기 시작했다. 형과 달리 파닉스 등의 기법을 동원하여 영어 소리 내 읽기를 가르치지 않았고, 음소인식능력에 집중하는 컴퓨터 프로그램으로 연습하면서 자연스럽게 읽는 법을 터득하도록 유도했다. 시각적 텍스트보다 청각적 영어 입력에 집중하도록 해서인지 초등학교 6학년 시절까지도 아이는 읽기보다는 듣기로 정보를 이해하는 실력이 더 우수했다.

비록 영어 읽기 속도가 첫째 아이에 미치지 못하는 게 사실이지만, 중학교 입학 직전에 엄마가 준 수능 모의고사 영어 문제에서 100점 만점에 75점 정도를 받았고, 난이도가 매우 높은 영어 소설인 《반지의 제왕(The Lord of the Rings)》을 훑어 읽고 대략적인 내용을 설명하는 것을 보면 큰 탈 없이 영어두뇌가 형성되고 있다고 짐작된다. 무엇보다 한글이든 영어든 책 읽기를 사랑하고 화장실에 앉아서도 독서를 하고 있으니 걱정이 되지 않는다.

## 명훈이와 지현이

책을 집필하면서 수많은 학부모님과 아이의 영어 교육을 주제로 인터뷰를 진행하였는데 실제 만나보았던 아이들 중 엄마와 인터뷰가 진행 중인 작은 카페로 찾아왔던 명훈이와 지현이가 기억에 선명히 남아 있다. 나이답지 않게 점잖고 몸의 움직임에 품위가 있어 선비같던 명훈이, 영어 1000권 읽기 공책을 보여주며 씨익 웃던 동생 지현이 엄마가 그 후 10년 두 남매에 대해 보내준 글을 거의 그대로 실었다.

## 명훈이

"초등학교때까지 영어 독서를 했던 명훈이는 중학교, 고등학교에서는 내신 공부에 매진할 수 밖에 없었다. 그래도 성실함과 자기 주도적 학습능력이 갖추어져 있었고, 과학고등학교에서 기숙사 생활을 하면서도 자기 관리능력에 흔들림 없이 버티어 내며 조기졸업으로 카이스트와 서울대 수학교육과에 최종 합격하였다. 이때 나에게 인상적이었던 기억은 대학 합격 후 명훈이에게 여유 시간이 주어졌을 때 해리포터 원서를 읽기 시작했다는 것이다. 다른 영어책들은 주변에 물려주는 것을 허락했지만 해리포터 원서 만큼은 소장하고 싶다고 했었는데 학업에 열중하며 몇 년이 지났는데 다시 해리포터 원서를 꺼내어 읽는 모습이 매우 기특하였다. 그 모습을 볼 때마다 아이들에게 영어 독서를 하게 했던 나 자신이 너무 뿌듯하고 행복했다. 명훈이는 카이스트와 서울대학교 중 선택해야 하는 행복한 고민 속에서 자신이 원하는 진로가 전산학과 수학이므로 두 분야를 모두 전공해볼 수 있는 카이스트를 최종 선택하였고, 5년이 지난 지금 현재에도 잘한 선택이었다고 믿는다.

모든 수업이 영어로 이루어지는 카이스트에서 전산학 전공, 수학 복수전공 과정을 하며 어려움 없이 수업을 듣고 학점도 우수했다. 또한 교환학생으로 뮌헨공대에 지원하고자 하는 목표가 있었기에 1학년때부터 버디 프로그램에 지원하여 카이스트로 온 교환학생, 해외유학생을 대상으로 영어로 소통하며 한국에서의 대학 생활에 적극적으로 도움을 주었다. 버디 프로그램으로 매칭된 에티오피아 친구를 챙기며 밥을 사주기도 하고 운동도 같이 한다는 것을 들으니 신기하였다. 하루 종일 교환학생 친구와 영어로 대화를 하다가 온 날은 뇌를 너무 많이 써서 피곤하다는 투덜거림도 엄마에게는 너무나 행복한 소리로 들렸다.

명훈이가 드디어 2023년 가을학기에 뮌헨공대 교환학생에 합격하여 독일로 가게 되었다. 학기 시작 전 한달 먼저 출국하여 혼자서 북유럽을 여행하였다. 영어로 소통하며 자유여행을 하고 있었으므로 내심 걱정도 많았지만 큰 틀을 깨쳐 성장해나가는 과정이기도 해서 자랑스러운 마음이 더 컸다. 스코틀랜드, 노르웨이 등 호텔과 관광지에서 대화할 일들이 있었다는데 현지인들에게서 영어를 참 잘한다는 칭찬도 들었다고 했다. 한달간의 북유럽 자유여행을 마치고 뮌헨에서 5개월간 공부하는 동안에도 주변의 10여개가 넘는 나라들을 틈틈이 자유여행하며 많은 경험을 쌓았다. 직접 렌트카를 빌려 5일간 크로아티아를 혼자서 여유롭게 운전하며 다녔던 여행은 잊을 수 없는 경험이라고 했다. 교환학생 학기 마치기 전인 2024년 1월에는 가족들과 함께 이탈리아와 프랑스 여행을 했는데 모든 스케쥴, 숙소 예약, 교통 등 여행의 모든 것을 명훈이가 알아서 가이드를 해주어 최소한의 경비로 자유여행을 만끽할 수 있었다. 부담이 컸을텐데도 혼자서 유럽여행을 한 경험으로 잘 이끌어주었다. 여행 중 소매치기를 당해 파리경찰서를 방문하여 사고 신고접수를 할 때도 명훈이 덕분에 잘 처리할 수 있었다. 얼마나 자랑하고 싶은 든든한 아들인지….

독일로 교환학생 가는 것이 목표로 정해지고 나서는 미리 독일어 자격증 취득 계획을 세워 공부했고, 실제로 취득에 성공했다. 그래서 뮌헨에서 생활할 때는 영어보다도 독일어를 쓰려고 노력했다. 뮌헨공대 기숙사에서 함께 생활하는 플랫메이트(거실과 주방을 같이 쓰는 기숙사 친구들)가 마침 독일 학생들이었는데 처음에는 소통이 별로 없었지만 주방을 함께 사용하다보니 한국 음식을 요리하여 대접도 하게 되었고, 조금 늘어난 독일어 실력으로도 이야기 나누며 즐거운 시간을 몇 번 가졌다고 했다. 한국인에 대한 좋은 추억을 갖게 되었을 것 같다.

현재는 긴 연구의 길이 아닌 취업을 먼저 하기로 선택했지만, 주어진 현실이나 상황 때문에 자신이 하고 싶은 공부의 길을 놓아버리지 말고 마음 속에 간직하고 있는 뜻을 꼭 펼쳐보길 바란다. 유럽에서 6개월간의 교환학생 생활이 명훈 앞날에 소중한 밑거름이 되어 더 자유롭게 하고 싶은 일을 하며 아들이 행복하기를 꿈꾼다."

### 지현이

"10여년 전 로알드 달 작가의 책을 비롯하여 교훈이 있는 판타지 이야기를 즐겨 읽던 초등 4학년 지현이는 중학교 3학년까지는 영어 독서와 영어책 집중듣기를 유지하였고, 중학교부터는 피할 수 없는 어휘, 문법 등의 공부로도 확장하면서 고등학교까지 내신 성적 및 수능 입시를 위한 영어 공부를 열심히 해냈다. 해외파나 유치원, 학원 등을 통한 조기교육으로 이미 뛰어난 실력을 가진 친구들과 고등학교 3년 내내 경쟁하며 입시의 문턱을 넘어야만 했지만 그래도 1등급 또는 2등급으로 제법 좋은 성적을 받을 수 있었고, 수학과 과학 과목에서도 매우 우수한 성적을 받아 현재 자신이 목표했던 고려대 생명과학과에 진학하였다(현재 3학년).

영어 독서의 힘은 대학 공부하면서 힘을 발휘한 듯하다. 교양 수업 뿐만 아니라 유전학, 미생물학, 세포생물학, 분자생물학, 면역학, 생태학 등 전공 분야를 배우는 과정에서도 영어 수업을 필수로 들어야 하고 전공책을 원서로 공부해야 하는데 전혀 어려움이 없고 이해하는 측면에서 내용 습득이 더 쉽게 느껴진다고 하였다. 또한 어릴 적 많은 양의 영어 독서로 길러진 언어 이해력 덕분에 미국과 유럽 여행 중에도 영어로 의사소통 하는 데 전혀 문제 없이 대화하는 모습을 보고 신기하였다. 얼마 전 이탈리아 입국 심사 때의 일이다. 한국인 할머니가 손자를 데리고 입국심사를 받고 있었는데 심사관이 이탈리아어와 영어를 번갈아가며 가족관계증명서 서류를 요구하였지만 할머니가 전혀 알아듣지 못하고 난감해할 때 뒤에 서서 그 모든 내용을 들었던 지현이가 자연스럽게 통역에 나서서 할머니를 돕는 모습을 목격하고 너무 흐뭇하여 딸에게 아낌없는 칭찬을 해주었다.

　20대의 지현이는 해외여행을 자유롭게 다녀보고 싶다고 했다. 여러 나라의 문화를 경험하고 다양한 해외 친구들을 사귀어보고 싶다는 소망이 있고, 진로에 대해서는 아직은 좀더 관심 있는 전공 분야에 대해 연구 경험을 쌓으면서 구체적인 진로를 찾아갈 계획이라고 했다. 대학교 3학년이 된 시점이다보니 개강 전 학회에 자기소개서를 써서 지원하였고, 지원한 학회에서 논문들을 연구하는 경험을 쌓는 것이 우선이고, 여름방학 때부터는 대학원생들이 연구하는 것을 옆에서 배우고 실험도 직접 해보기 위해 다른 대학교 인턴 과정에서도 지원할 계획이라고 하였다. 암이나 질병 등의 치료와 개발에 대해 관심이 있는 지현이는 거창하진 않지만 자신이 잘 할 수 있는 분야를 구체적으로 찾고자 노력하고 있고 한단계 한단계 계획을 세워가며 나아가고 있다. 신중한 아이답게 차근차근 해 나가는 지현이가 자신이 원하는 일을 찾고 그 꿈을 이루어낼거라 믿는다. 동료들과 연구하고 성취해내서 행복해하는 프로페셔널한 지현이의 미래의 모습을 그려본다."

## 희서

국어와 영어 모두에 자유로웠고 7세 나이임에도 보유하고 있는 '사이트워드'가 많았던 희서는 어떻게 지내는지 희서 엄마에게 물었더니 다음과 같은 답변을 받았다.

"희서는 현재 고3이 되었습니다. 자신이 공부하고 싶어 하는 영역을 확고하게 정해서 그런지 이를 위해 스스로 알아서 해내는 아이가 되었습니다. 어려서부터 시작된 책 사랑은 여전히 진행 중이고, 독서를 하면서 자연스럽게 습득한 문해력으로 학업도 비교적 수월하게 해내고 있어요. 궁금한 것이나 새롭게 배워야 할 주제가 생기면 독서를 중심으로 독학하는 것을 선호하고 배우는 그 자체를 매우 좋아하는 친구입니다. 말수가 적고 얌전한 편인데도 다방면에 호기심이 많아 학교 내외의 활동에 적극적으로 참여하고 소리 없이 성과를 내는 것을 좋아해요. 나름대로 끈기도 있어서 초등학교 때부터 해오던 운동, 음악 등을 병행하면서도 학교에서는 상위권 성적을 유지하는 기특한 친구입니다.

희서는 영어를 노래, 그림책, 영상으로 즐겁게 시작했고 언어에 자연스럽게 스며들어서 그런지 영어에 대해 긍정적인 태도를 가지고 있어요. 영어책도 스스로 찾아 재미있게 보고 애니메이션, 영화

보기도 좋아합니다. 아이가 5학년이었을 때 해리포터에 입덕(?)을 했어요. 그리고 그 후에부터는 제가 영어에 대해서 걱정한 적이 한 번도 없었던 것 같아요. 아이가 해리포터 시리즈를 읽어나가고 영화도 보고 틈틈이 오디오북을 들으며 영어 실력을 키웠던 것은 물론이고, 해리포터의 주인공들과 한 해 한 해를 함께 자라면서 영어 외에도 많은 부분을 배우더라고요. 심지어는 작가에게 직접 편지를 쓰기도 했고요. 아이가 이렇게 영어를 좋아하고, 자기가 좋아하는 것으로 덕질하고, 덕질하면서 또 즐거워하니 옆에서 보면서 흐뭇하고 신기하기도 했어요. 아이의 이런 기저 언어 능력은 영어 학습으로 연결됐고, 그래서 사교육을 받지 않고 공부하면서도 영어 내신과 모의고사에서 상위권의 성과를 내고 있어요. 스스로 깔끔하게 학습하고 학원 왔다 갔다가 하는 시간에 자신만의 공부를 하고 싶다고 하네요. 재미있는 것은 학교에서 우리말로 발표할 때는 엄청 떨리고 목소리도 작아지는데, 오히려 영어로 발표할 때는 더 자신 있게 말이 나온다고 하더라고요. 영어에 대한 좋은 기억이 많은가 봅니다.

현재 아이가 고3이기 때문에 올해를 알차게 보내며 자신이 원하는 학과에 진학했으면 좋겠어요. 그리고 그 이후에는 희서가 꿈꾸는 미래가 곧 제가 꿈꾸는 아이의 미래라고 생각합니다. 아이가 자신의 꿈을 이뤄가는 과정에서 도움이 필요하다고 하면 언제든지 도울 것이며, 지켜봐 달라고 할 때는 한 발 뒤로 물러나려고 해요. 아이가 어떤 모습으로 성장할지는 제가 정확히 가늠할 수는 없지만, 지금처럼 자신에게 솔직하고 자신이 하고 싶은 일에 몰두하며 이런저런 일을 궁리하면서 재미있게 살아갈 것 같다는 생각이 듭니다. 그리고 영어 적인 측면을 살려 한 가지 덧붙이면, 아이의 영어 실력이 독일어나 스페인어를 배울 때도 매우 긍정적으로 작용하더라고요. 희서가 꿈을 향해 갈 수 있는 길이 영미권뿐만 아니라 더 넓은 세계까지도 뻗어 나갈 수 있겠다는 생각도 합니다. 나중에 아이를 보러 간다는 핑계로 여행을 갈 수 있으면 더 좋겠습니다."

지면 관계상 자세히 소개하지는 못했지만 서울대학교 경제학과에 입학했던 준영이와 초등학교 4학년 시절 셰익스피어를 읽었던 윤영이 엄마와 전화로 통화해보니 두 아이 모두 어엿한 사회인으로 성장했다는 소식을 들었다.

"Yellow brick road"는 《오즈의 마법사》에 나오는 길이다. 캔자스로 돌아가고 싶은 도로시, 똑똑한 뇌를 갖고 싶어하는 허수아비, 따뜻한 심장을 얻고 싶었던 양철맨(Tin man), 용기를 절실히 원했던 사자는 황금빛 벽돌로 덮인 길을 따라 에메랄드성의 오즈를 찾아간다. 그런데, 오즈는 탈과 쇼를 이용해서 혹세무민하던 사기꾼이었다. 허수아비와 양철맨과 사자는 오즈를 만나기 전에 자기들이 그렇게도 바라던 것을 이미 갖게 된 상태였다(도로시는 오즈의 도움으로 고향에 돌아가긴 했다). 뭔가 목표를 향해 달려가서 원하던 바를 이루면 기쁘지만 극도의 성취감이란 지속시간이 짧고 만족이 거듭될수록 행복도가 내려가게 되어 있다. 모두가 원하는 꿈을 상징하는 황금은 에메랄드성이 아니라 그 성으로 향하던 황금 벽돌길 위에 있었다. 결과도 중요하겠으나 과정을 즐기는 게 좋지 않겠는가. 《아이의 영어두뇌》에 등장하는 아이들은 《오즈의 마법사》에 등장하는 이들처럼 그 과정에서 바라던 바를 이미 이루고 있었을 것이다. 허나, 우리 어른들은 황금 벽돌길을 걷던 아이들이 어떤 에메랄드성에 도착했는지 어쩔 수 없이 궁금하리라 생각되어 "그 후 10년"을 부록으로 덧붙였다.

부록 2

# 영어두뇌를 만드는 빠른 길
## FAST MAPS

: 좋은 영어 교재를 판별하는 방법

막상 아이에게 영어를 가르치다 보면 엄마와 아빠는 어떤 책이나 영어 교재, 혹은 보조 영어교육 프로그램을 선택하는 게 마땅할까에 관해 세부적으로 궁금한 것들이 많아진다. '어떤 영어책으로 아이에게 영어를 가르쳐야 할까', '컴퓨터 프로그램으로 아이에게 영어를 가르치는 것은 어떨까' 등 영어를 가르치기 위한 선택의 길은 너무 많아서 모호하다. 그러므로 항상 변화하는 세상 속에서 자기만의 분명한 기준을 잡고 있으면 어떤 상황에서도 객관적인 판단을 내리는 데 도움이 될 것이다. 이리저리 헤매다 시간을 낭비하는 우를 범하지 않고 '빠르게 길을 찾을 수 있는 영어교육 지도'가 있다면 얼마나 든든할까? 그래서 뇌과학적 관점에서 영어 교재를 선택할 때 그것이 최적의 교재인지 여부를 알기 위해 참고할 수 있는 판단 준거인 'FAST MAPS'를 제시하고자 한다.

## 시간 낭비 없이 빠르게 FAST

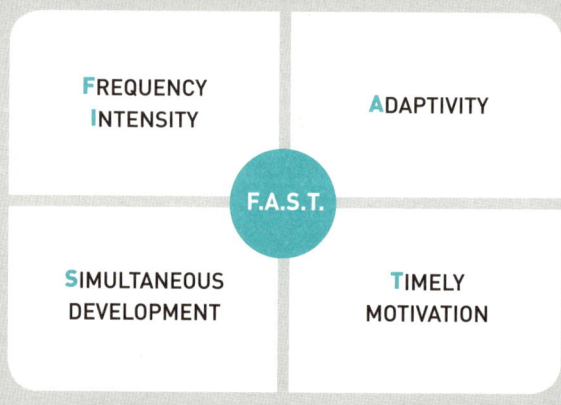

### 1) 빈도와 강도(Frequency and Intensity)

'빈도(frequency)'는 횟수를 나타내며 '강도(intensity)'는 세기나 정도를 뜻한다. 목표 학습 과제를 자주 반복해 시간제한을 두고 집중적으로 완수하도록 만들어주는 교재나 프로그램인가를 우선 살펴봐야 한다. 빈도와 강도는 배운 것을 오랫동안 두뇌 속에 간직할 수 있도록 만들어주기 위한(이것을 '장기기억화'라고 한다) 핵심적 열쇠다.

새로운 영어 단어는 최소 16회 이상은 접해야 뜻을 이해하는 수준에 도달한다. 고려 중인 교재나 프로그램이 지루하지 않도록 얼마나 기술적으로 반복 학습을 시켜주는지 살펴야 한다. 그리고 반복 횟수가 거듭될수록 간격을 서서히 늘려주는 것이 좋다. 예컨대 오늘 새로운 영어 단어를 배웠으면 가능하면 그날 내로 늦어도 그 다음날까지는 반복해주고, '2-4-8-16-32-64일' 식으로 간격을 늘려주면 뇌 속에 정보가 효과적으로 안착되는 것으로 알려져 있다. 매일 아이에게 책을 읽어주는 것은 가장 손쉬운 방법이다.

단 한 번 일어난 일인데도 눈에 선하게 떠오르는 기억들도 있을텐데, 반복되지 않더라도 자극의 강도가 높아서 단번에 장기기억화된 경우다. 무언가를 새롭게 배워 기억하기 위해서는 간격을 점차 늘려 주기적으로 반복하거나 감정적으로 충격적일 정도로 강렬한 사건이어서 정서적인 강도가 높아야 한다.

장기기억화란 새롭게 배운 것이 두뇌 속에 뚜렷하게 새겨지는 것을 뜻하는데, 보다 정확히 말하자면 새로운 자극이 반복적으로 또는 아주 강도 높게 가해지면 시냅스 부위에서 새로운 돌기가 자라나서 새로운 시냅스 연결 도로가 뚫리게 되며 이 상태를 장기기억이라고 부른다.

장기기억화 과정에서는 해마가 중추적 역할을 하며, 뉴런에 돌기가 자라나는 것은 단백질을 합성해서 특정부위를 키우는 성장 과정이므로 새로운 기억이 온전히 자리를 잡는 데에는 대략 20일에서 60일 정도의 시일이 소요된다. 새 기억이 탄탄히 자리를 잡도록 반복할 수 있도록 해주는 장치가 되어 있는지, 기왕이면 적은 횟수의 반복으로도 기억 속에 오래 유지될 수 있도록 정서적인 감흥과 재미를 비롯한 강도 요소를 포함시켰는지 살펴야 한다.

## 2) 적응성(Adaptivity)

걷지도 못하는 아이에게 뛰라고 강요할 수 없는 것처럼 제대로 듣지도 못하는데 영어로 말하길 강요해서는 곤란하다. 영어를 읽지도 못하는데 쓰라고 윽박질러서는 안 된다. 3미터 높이의 담을 한 번에 뛰어오를 수는 없어도 사다리를 놓고 잔다리밟아 올라가는 것은 어렵지 않다.

두뇌 발달 단계에 비추어 볼 때 영어를 비롯한 언어학습은 말소리(입말)에서 문자(글말)의 순서로 진행하는 것이 원칙이다. 난이도 측면에서 가장 좋은 기준은 현재 아이 수준을 약간 넘어서는 정도로 잡는 것이 가장 좋다. 너무 쉬우면 지루해하고 너무 어려우면 포기해버릴 가능성이 높기 때문이다. 이러한 기준을 매우 직관적으로 설명하는 용어가 'i+1'이다. 아이의 현재 수준을 'i'라 할 때 'i−2' 미만이면 아이의 능력에 비해 쉬운 것이고 'i+2' 초과라면 너무 어렵다. 물론 언어적인 발달수준은 매우 주관적인 것이라서 획일화해 계량할 수는 없기 때문에 부모나 전문가의 세심한 관심과 배려가 필요하다.

영어 교재를 선택할 때 아이의 발달 단계에 자연스럽게 들어맞는 수준인지 부모는 면밀히 검토해야 한다. 하지만 부모가 너무 나서지 않아도 아이의 반응을 잘 살피면 현재의 영어책이나 학습 교재가 어떤지 어렵지 않게 알아낼 수 있다. 그 누구보다 아이들은 솔직하게 즉각 반응을 내보이기 때문이다. 지루하면 "아이 심심해", "지루해",

"따분해"라고 말하고 어려우면 목소리나 눈물, 표정으로 감정을 그대로 드러내는 것이 아이들의 속성이다. 그러니 영어학습이 진행될 때는 반드시 엄마나 아빠를 비롯한 보호자가 함께 자리에 앉아 있어야 한다.

어떤 영어교육 보조 컴퓨터 프로그램은 학습이 진행되는 동안 학습자의 반응을 모니터링해 실시간으로 적절한 수준을 찾아내 투입하는 기능이 탑재되어 있으므로 부모가 직접 체험해보거나 주변의 추천을 통해 합리적인 개발 원리가 뒷받침된 프로그램인지 검토하는 과정을 반드시 거치는 게 좋다. 얼핏 보기에 아이가 아무런 문제 없이 컴퓨터 영어 학습을 하고 있더라도 그냥 혼자 두어서는 안 되고 엄마나 아빠, 또는 전문 관리자의 시야 내에 아이의 학습 상황이 항상 들어오도록 해야 한다. 아무리 기계 문명이 발달하더라도 '무릎 공부'를 통해 사람과 사람 사이에 지성과 감성이 상호작용하는 고도의 민감성을 절대로 넘어설 수 없음을 꼭 기억하자.

### 3) 동시계발(Simultaneous Development)

서술적 기억은 처리된 곳에 저장된다. 즉, 어떤 단어를 제대로 배우면 한 개의 개념에 그치지 않고 시각·청각·촉각·후각·미각·운동감각 등의 모든 감각 개념이 두뇌 여기저기에 분산 저장된다. 예를 들어, 어떤 사람의 얼굴과 목소리는 기억나는데 이름은 도저히 떠오르지 않는 경험을 누구나 해봤을 것이다. 대상에 대한 기억이 두뇌의 한 부분에 몰리지 않고 다양한 부위에 걸쳐 간직된다는 증거 중 하나다.

절차적 기억의 경우, 연습하면 할수록 두뇌 깊숙한 곳에서 오랜 세월에 걸쳐 미엘린화 과정을 거치며 처리 효율이 올라간다. 영어를 배우고 익히는 것은 서술적 기억 저장과 절차적 기억화 과정의 조화로운 협업이 필수적이다. 만일 영어 단어의 뜻만 열심히 외우면 서술적 기억에 치중한 학습에 그치지만 영어 말소리에 많이 노출되고 열심히 소리 내 읽고 꾸준히 영어를 사용한다면 절차적 기억 중심의 영어공부다.

이렇게 몸으로 하는 공부를 통해 절차적 기억 비율이 올라가면 많은 에너지를 소모하지 않으면서 자연스럽게 영어를 구사할 수 있게 된다. 동시계발의 원리란 영어학습 초기에는 많은 두뇌 영역을 활성화시키는 것이 좋다는 뜻이고, 몇 년 이상 꾸준히 연습해 몸에 익고 자동화되면 오히려 두뇌 에너지를 적게 소비하면서도 더 높은 성과를 내는 단계에 돌입하게 되는 법이다. 일단 일정 궤도에 올라서면 어렵지 않게 영어 많이 읽기를 실천할 수 있을 것이다.

현재 고려 중인 영어 프로그램이 두뇌를 광범위하게 활성화시켜주는 장치가 설계되어 있는지 검토해보고, 영어 교재에 접근할 때는 동시계발의 원리에 맞도록 소리 내 읽는 과정을 꼭 거치도록 하자.

이렇게 2~3년이 지나면 아이가 스스로 원해서 영어를 사용하게 될 것이다. 서술적 기억에 더해 절차적 기억화 된 영어지식과 기술을 갖춘 아이는 골치 아파하지 않으면서, 즉 과도한 두뇌 에너지를 소비하지 않으면서도 영어를 몸에 익은 도구처럼 자연스럽게 사용하고 있을 것이다.

### 4) 시기적절한 동기부여(Timely Motivation)

칭찬의 힘은 크다. 부모로부터 아이가 듣는 칭찬의 힘은 더 크다. 칭찬을 통해 작은 성취감이 모여 큰 성공으로 낙착된다. 수준 높은 영어 실력 획득에 성공한 많은 사례들을 보면 그 성공 비결이 아이에 대한 부모의 신뢰와 격려였다. 욕심 부리지 말고 작은 성공에도 아낌없이 칭찬하라. 단, 공허한 칭찬은 아이가 귀신같이 알아차리므로 반드시 근거 있는 칭찬을 단비처럼 내려줘야 한다. 칭찬이라는 양분으로 아이의 영어 실력은 무럭무럭 자라날 것이다. 물질적인 보상은 당장은 효과가 있을지 몰라도 반드시 한계에 부딪히게 되므로 아이가 마음으로 성취감을 느끼도록 왜 영어를 배우고 익혀야 하는지 납득시키고 내적인 동기를 주도록 하라. 내적인 동기란 영어를 듣고 말하는 것에서 얻는 쾌감이나 외국어를 마음대로 쓸 수 있게 되면서 느껴지는 자기 성취감, 또는 무언가 새로운 것을 알고자 하는 지식에 대한 욕구다.

영어교육 보조 프로그램이라면 어떤 동기부여 장치가 마련되어 있는지 살피도록 한다. 대개 점수·쿠폰·상품을 주는 장치나 특정 목표치를 달성했을 때 일정한 세레모니, 가령 폭죽이나 팡파르 소리 등이 터져 나오도록 디자인되어 있을 가능성이 높다. 아이가 자꾸 하고 싶어지도록 자극하는 어떤 기발한 장치가 설치되어 있는지 살피되, 너무 강한 자극을 제공하는 프로그램은 오히려 좋지 않다.

인간의 감각은 어떠한 자극에든 극히 빠르게 적응하므로 강한 자극에 의존해 학습을 하게 되면 더욱더 강한 자극을 원하게 되고 결국 한계에 도달하는 법이기 때문이다.

어떤 경우든 진심어린 부모의 칭찬보다 정서적으로 더 강렬한 동기부여 장치는 없다. 어린 아이에게 세상의 중심은 부모이기 때문이다.

## 영어교육 지도 MAPS

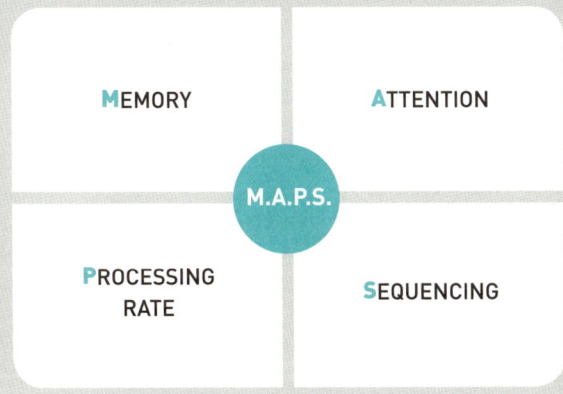

### 1) 기억(Memory)

아이가 사용하는 영어 교재가 기억을 증진하는 효과가 있는 프로그램인가? 기억은 FAST의 'F'에 해당하는 빈도 및 강도와 연결된 항목이다. 아이는 자기가 좋아하면 열 번이든 백 번이든 반복해서 보고 듣기를 마다하지 않는다. 영어를 배우기 시작하는 아이일수록 아이가 직접 원하고 찾도록 해주는 재미와 흥미요소를 중시해야 한다. 아이마다 취향과 선호도가 모두 다르므로 다양한 자료에 접할 수 있는 기회를 충분히 베풀어주는 게 좋다. '영어에 대해서' 공부하는 게 아니라 '영어 자체'를 배우고 익힐 수 있도록 영어로 된 학습 자료를 충분히 공급해줘야 한다.

정서적인 감흥과 결합된 기억은 감정두뇌를 활성화시키므로 쉽게 그리고 선명하게 기억 속에 아로새겨진다. 아주 충격적이어서 정서적 강도가 세면 기억효과도 높지만, 극히 강도 높은 자극은 억지로 만들기도 어렵고 실생활에서는 매우 드물게 일어나므로 정서적인 안정감을 듬뿍 제공하는 방법을 택하는 게 현명하다. 이때 가장 좋은 방법은 '무릎 공부', 즉 부모가 아이를 품에 안고 좋아하는 영어책을 매일매일 읽어주는 것이다. 아이는 부모의 관심대상이라는 점에 만족하고 엄마나 아빠의 품속에서 편안함을 느끼며 듣는 이야기를 기억 속에 오래도록 간직하게 된다.

### 2) 주의집중(Attention)

어느 정도 나이가 들었다면 주의를 기울이지 않으면 학습은 이루어지지 않는다. 뇌 속에서 흘러나오는 물질이 달라지기 때문이다. 이를 뒤집어보면 7세나 8세 이전의 아이들은 특별히 주의를 기울이도록 강요하지 않아도 신기하게 온갖 세부적인 정보를 기억해내는 경우가 많다.

따라서 CD나 DVD로 영어 소리를 들려줄 때 이 연령대 아이들은 블록 장난감을 만들거나 그림을 그리면서도 귀에 들어오는 영어를 놀라울 정도로 입력하고 있을 가능성이 높으므로 그냥 '흘려듣기'를 할 수 있도록 환경을 만들어준다. 아이가 안 듣는 것처럼 보일 때라도 꾸준히 책을 소리 내 읽어주면 아이는 꽤 많은 대목을 외우던 상황을 종종 겪어봤을 것이다.

어느 정도 영어 소리에 익숙해졌다 싶으면 서서히 영어 소리와 텍스트를 연결하는 '집중듣기'를 실시해본다. 영어로 읽는 소리를 들으며 영어책 속의 라인을 연필이나 손가락으로 따라가도록 하는 이 활동은 청각 주의와 시각 주의를 모두 요구하므로 상당한 주의집중력이 필요하다. 조금만 한눈을 팔아도 텍스트 라인을 놓치기 때문이다.

이렇게 2~3년이 흐르면 아이가 스스로 영어책을 읽기 시작하기 마련이지만 영어는 리듬과 억양, 그리고 주파수대가 다른 외국어이므로 명시적인 파닉스 훈련은 영어 소리 내 읽기를 위해 어느 정도 학습 속도를 가속할 수 있다. 오직 파닉스 교육만 하는 것은 문제지만 독자적인 음성 및 음운 특성을 갖는 영어교육에서 파닉스를 가르치는 것은 분명 도움이 된다. 영어 철자법은 세계 역사상 유래가 없을 정도로 복잡하므로 소리에 집중하도록 훈련하고 그 다음 글자에 주의를 기울이도록 순서를 지키는 것이 좋다.

고도의 인지적 처리 능력을 요하는 문법 교육은 '소리가 먼저', '소리 내 읽기', '많이 읽기' 단계를 거친 후 정확한 쓰기와 말하기 능력을 길러줄 목적으로만 실시하는 것을 추천한다. 머리로 생각하는 규칙에 압도당하면 몸에서 절로 흘러나오는 '절차화된' 지식 활용 속도를 지체시킬 수 있다.

컴퓨터로 영어를 가르치는 경우에도 어떤 주의집중 장치가 마련되어 있는지 살펴보자. 매번 클릭을 해야 되니 불편하다고 여길 수도 있지만 학습자가 손가락으로 무언가 '자, 이제 시작'이라고 생각할 만한 장치를 의도적으로 설계해 놓은 것일지 모른다.

### 3) 처리속도(Processing Rate)

점차 빠른 처리속도로 정보를 처리할 수 있도록 점증적으로 설계되어 있는지 살핀다. 처리 속도는 본문에서 설명했던 미엘린화와 대뇌 '단어상자' 영역과 관련된 항목이다. 방금 세상에 태어난 신생아는 움직임이 매우 굼뜨고 활동 범위도 좁지만 100일이 지나고 돌이 지나면 놀라울 정도로 기민하게 움직인다. 두 돌 즈음이 되면 뛰어다니기까지 한다. 이것은 걷기 및 뛰기와 관련된 두뇌 회로가 열리고 미엘린화된 덕분이다.

'흘려듣기'가 포함된 '소리가 먼저' 단계를 지나 '집중듣기', 엄마나 아빠가 소리 내 읽어주기 그리고 아이가 직접 '소리 내 읽는' 단계를 거치면서 아이의 영어 청각회로와 읽기 시각 회로는 미엘린화되고 '단어상자' 영역처럼 텍스트만을 초고속으로 읽는 두뇌 센터가 개발된다. 영어두뇌 개발방법은 대다수 부모들의 우려보다 단순하여 서두르지 말고 꾸준히 책을 읽어주고 들려주면 아이의 두뇌는 영어 회로를 착착 개발해 스스로 영어책을 소리 내 읽고 어려운 영어책도 한글책처럼 읽는 날이 반드시 온다.

영어에 능숙해진 사람은 말소리가 너무 느리면 답답하고 이해도가 오히려 감소한다. 그러므로 아이의 영어 능력을 조금 넘어서는 수준의 학습을 통해 아이의 영어두뇌 처리속도를 서서히 올려주도록 고안된 프로그램인지를 이 항목에서 고려하면 된다.

### 4) 순서배열능력(Sequencing)

신비롭게도 유아기적에 누구든지 공간적으로 좌우·상하를 혼동하고 시간적으로 선후를 구별하지 못하는 시기를 거치는데 이는 두뇌 회로가 자리를 잡아가면서 나타나는 현상이라고 생각된다. 만일 이 현상이 고착되면 난독증(dylexia)에 빠져들 수도 있다. 1초 당 3개 단어 꼴로 쏟아져 나오는 영어 말소리의 순서를 정확히 식별하는 것 자체가 놀라운 위업이다.

이렇게 음성언어(입말)에 있어서의 순서배열능력이란 음소 인식 능력과 관련이 있고, 문자 언어에 있어서는 단어 속의 글자(문자소)나 문장 속 단어들의 순서를 결정하는 능력을 말한다. 그 외에도 요일이나 월의 순서를 적절히 배치하는 능력도 포함된다. 순서배열능력이 향상되면 소리, 글자, 개념을 더 빨리 인식할 능력을 갖추게 되는데 이 능력과 가장 밀접한 관련을 맺고 있는 두뇌 기능이 작업 기억이다.

작업 기억이란 무엇일까? 예를 들어 메모지가 없어서 '010-X804

'―50X7'이라는 전화번호를 듣자마자 외워서 전화를 걸어야 하는 상황을 생각해보자. 대부분의 사람들은 입 밖으로 소리를 내든 마음속으로 떠올리든 위 전화번호를 소리 내 읽어보며 기억한다. 이 순간 말소리로 바뀐 전화번호 정보를 담는 곳이 주로 대뇌 전두엽에 분포된 작업 기억 영역이다. 이 정보는 몇 초나 몇 분 뒤에 소멸된다.

영어를 배우는 과정에서 작업 기억의 역할은 대단히 중요하다. 상대의 말소리나 책을 읽는 소리는 단번에 한 문장이 다 담겨 있을 수 없고 문장이 끝날 때까지 시간이 걸린다. 만일 앞서 나온 말소리 정보를 머릿속에 담고 있지 못하면, 즉 영어 작업 기억 능력을 활용하지 않으면 문장 전체의 의미를 이해할 수 없게 된다. 범위를 조금 좁혀서, 영어 말소리에 담긴 정보가 혼동되는 상황이 계속 발생하면 어떻게 될까? 'looking'을 'cooling'으로 듣거나 'teacher'를 'cheetah'로 듣는다면 귀로 들려오는 엄청난 양의 소리 정보를 제대로 처리하지 못하게 될 것이다.

따라서 이 항목에서 주로 살펴야 할 것은 아이의 작업 기억 능력을 훈련시키기 위한 대목이 있는지 그리고 소리 훈련을 시켜주는 활동이 있는지를 점검하는 것이다. 직접 책을 읽어주거나 들려주는 상황에서는 일정 기간 소리를 혼동하던 아이도 점차 영어 소리 순서배열을 정확히 해내게 되지만 계속 문제가 생길 경우 집중적인 작업 기억 증진 훈련을 비롯한 언어 치료 훈련을 제공할 필요가 있을 수도 있다.

# 아이의
# 영어두뇌

**지은이** 박순
**발행인** 최민내
**전략기획** 박희정  **학습지원** 권춘원
**교육총괄** 문영은
**디자인** 룸디
**발행처** ㈜뉴로사이언스러닝
**출판신고** 2011년 8월 10일 제2014-000038호
**뉴로사이언스러닝** 서울특별시 중구 남대문로 117, 11층
**문의전화** 1544-3377
**홈페이지** nslearning.co.kr

**한국어판 출판권** 뉴로사이언스러닝
**초판** 2024년 5월 1일

이 책은 저작권법에 의해 보호를 받는 저작물이므로 무단 전제와 복제를 금합니다.
이 책 내용의 전부 또는 일부를 이용하려면 반드시 저작권자와 ㈜뉴로사이언스러닝의
서면 동의를 받아야 합니다.

· 책 값은 뒷표지에 있습니다.
· ISBN 979-11-86286-77-7 03700
· 잘못된 책은 구입한 곳에서 바꿔 드립니다.